AF282077

Firma electrónica. Las Nuevas Tecnologías en la Comunicación. ADGG025PO

Yolanda López Benítez

ic editorial

Firma electrónica. Las Nuevas Tecnologías en la Comunicación. ADGG025PO
© Yolanda López Benítez

1ª Edición

© IC Editorial, 2024

Editado por: IC Editorial
c/ Cueva de Viera, 2, Local 3
Centro Negocios CADI
29200 Antequera (Málaga)
Teléfono: 952 70 60 04
Fax: 952 84 55 03
Correo electrónico: iceditorial@iceditorial.com
Internet: www.iceditorial.com

ISBN: 978-84-1184-325-6
Depósito Legal: MA-1953-2024

Impresión: PODiPrint
Impreso en Andalucía – España

Nota de la editorial: IC Editorial pertenece a Innovación y Cualificación S. L.

Especialidad formativa

Se entiende por especialidad formativa la agrupación de contenidos, competencias profesionales y especificaciones técnicas que responde a un conjunto de actividades de trabajo enmarcadas en una fase del proceso de producción y con funciones afines.

Las especialidades formativas de Uso General, Formación Complementaria, Formación Modular y las especialidades formativas dirigidas a la obtención de certificados de profesionalidad se incluyen en el Fichero de Especialidades del Servicio Público de Empleo Estatal para su gestión en todo el territorio nacional por cualquier Administración competente.

Las especialidades complementarias, pertenecen todas a la Familia profesional de Formación Complementaria (FCO) y tienen la consideración de formación transversal en áreas que se consideran prioritarias tanto en el marco de la Estrategia Europea para el Empleo y del Sistema Nacional de Empleo como en las directrices establecidas por la Unión Europea. Se consideran áreas prioritarias las relativas a tecnologías de la información y la comunicación, la prevención de riesgos laborales, la sensibilización en medio ambiente, la promoción de la igualdad, la orientación profesional y aquellas otras que se establezcan por la Administración competente.

Las especialidades de Certificado de profesionalidad tienen una duración especificada en su normativa reguladora.

En el resultado de la búsqueda, se muestran las unidades de competencia, todos los módulos formativos con su duración y las unidades formativas del certificado correspondiente, con su duración. Las horas del certificado, exclusivo de las especialidades de certificado de profesionalidad, con alta igual o superior a 2008, son las horas totales más las horas del módulo de Prácticas Profesionales no Laborales.

⟳ **Si la especialidad tiene unidades formativas,** las horas totales, presencial, distancia, teleformación serán igual a la suma de esas horas de las unidades formativas de los distintos módulos, sin que se repita ninguna Unidad formativa.

‣ **Si la especialidad no tiene unidades formativas,** las horas totales, presencial, distancia, teleformación serán igual a las sumas de esas horas de los módulos formativos, eliminando las horas de los módulos repetidos.

https://sede.sepe.gob.es/especialidadesformativas/RXBuscadorEFRED/BusquedaEspecialidades.do

(Fuente: Servicio Público de Empleo Estatal)

Índice

Unidad de Aprendizaje 1
La firma electrónica

Unidad de Aprendizaje 2
Certificado electrónico

Unidad de Aprendizaje 3
El documento nacional de identidad electrónico

Unidad de Aprendizaje 4
Relaciones telemáticas con la Administración

La firma electrónica

Contenido

Objetivos

El objetivo general de esta Unidad de Aprendizaje es:

→ Conocer el concepto, las características y las ventajas de la firma electrónica para poder afrontar su implementación y su uso tanto en entornos personales, profesionales como empresariales.

Los objetivos específicos de esta Unidad de Aprendizaje son:

→ Conocer el marco normativo que regula la firma electrónica.

→ Distinguir y comparar tipos de firma electrónica.

→ Reconocer el proceso de firma electrónica.

→ Resumir beneficios del uso de la firma electrónica.

→ Localizar aplicaciones de firma para la firma electrónica de documentos.

→ Identificar las funcionalidades de los prestadores de servicios electrónicos.

→ Diferenciar los servicios electrónicos de confianza cualificados y no cualificados.

→ Conocer los tipos de infracciones y sanciones por incumplimiento de la normativa en materia de firma electrónica.

1. Introducción

En plena revolución tecnológica, las empresas y profesionales precisan la simplificación de métodos de comunicación que faciliten las relaciones comerciales tanto con clientes como con proveedores.

También en los entornos personales, los usuarios pueden beneficiarse de sistemas de comunicación telemática que estén orientados a la eliminación de barreras relacionadas con hasta ahora imposiciones de presentación física para gestiones administrativas.

La firma electrónica es una eficaz herramienta tecnológica de comunicación capaz de dar respuestas tanto a las necesidades empresariales como las propias de la ciudadanía.

En la presente unidad mostraremos qué es y cómo está regulada la firma electrónica, los tipos, usos y los requisitos para su implementación. Nos basaremos, para ello, en el caso de Gaditanitos S. L., una empresa dedicada a la producción y venta en toda España de un producto muy específico para la hostelería.

2. La firma electrónica

 HILO CONDUCTOR

Gaditanitos S. L. ha crecido tanto en el último año que Cristóbal comienza a tener algunos problemas para gestionar su negocio. Elabora y distribuye por toda España un producto que él mismo inventó. Se trata de pequeños buñuelos salados con diferentes rellenos de gran calidad, que junto con la originalidad en su elaboración han hecho posible que sean fácilmente reconocibles por la población, aumentando la demanda. El negocio de Cristóbal se va ralentizando por culpa de mecanismos administrativos. Aceptación de presupuestos, impresión de pedidos y emisión y envíos de facturas son algunos ejemplos de bloqueos. Por ello, Cristóbal ha decidido agilizar los procesos administrativos para lanzar el negocio a la necesaria transformación digital, por lo que tendrá que implementar en él el uso de la firma digital.

La **transformación digital** de una empresa o un negocio pasa en primer lugar por transformar la información analógica en digital. Esto significa que el objetivo principal es hacer desaparecer la tradicional oficina llena de papeles.

 **DEFINICIÓN**

Transformación digital

Conjunto de procesos a los que se somete una persona física o jurídica para la integración de las tecnologías en las áreas funcionales, aumentando el nivel competencial del usuario o competitividad de la empresa.

- -

Los entornos administrativos cada vez están más digitalizados, y aunque poco a poco se han ido implementando de manera rutinaria nuevas fórmulas de comunicación en la sociedad, es cierto que aún se sigue con la tremenda manía de imprimir aquellos documentos que son considerados importantes para, finalmente, ser almacenados en archivos y estantes.

Por este motivo, la transformación digital debe ser un cambio que va más allá del uso de las nuevas tecnologías. Debe implicar un verdadero cambio de mentalidad.

Por todo ello, la **firma electrónica** debe ser vista como un instrumento que proporciona los elementos de seguridad necesarios para que sea efectivo el cambio de mentalidad.

Un sistema de comunicación digital debe integrar elementos de seguridad informática que aseguren cualquier proceso en el que se intervenga.

2.1. ¿En qué consiste la firma electrónica?

La firma electrónica puede definirse como el procesamiento electrónico de datos que ligado a un documento digital da como resultado la firma electrónica del mismo.

Aunque algo más adelante profundizarás en el concepto de la firma electrónica, ahora debes saber que cuenta con gran relevancia en su uso, ya que en todos los procesos en los que interviene los dota de **eficacia jurídica** y **presta servicios de verificación.**

La firma electrónica fomenta la ágil incorporación de nuevas tecnologías con la seguridad necesaria para todo tipo de comunicación telemática

 **NOTA**

Pronto averiguarás en qué consiste la eficacia jurídica y la prestación de servicios de verificación.

3. Régimen jurídico aplicable

 HILO CONDUCTOR

Gaditanitos S. L. cuenta con un buen equipo de contables y administrativos dispuestos a abordar todos los cambios necesarios para que el negocio no pierda competitividad, sin embargo, el espíritu emprendedor de Cristóbal le impide mantenerse al margen en este importante proceso de transformación que pronto su empresa va a experimentar.

Antes de acometer los primeros cambios, Cristóbal no duda en hacerse con el marco jurídico para comprender el contexto legal en el que quedan reguladas todas y cada una de las comunicaciones electrónicas haciendo uso de la firma digital.

Si bien el marco jurídico de la firma electrónica es algo más extenso, durante mucho tiempo la base legal de la firma electrónica estuvo recogida en la Ley 59/2003, de 19 de diciembre.

Esta Ley fue derogada por problemas de interpretación y sustituida por la **Ley 6/2020, de 11 de noviembre, reguladora de determinados aspectos de los servicios electrónicos de confianza.**

https://redirectoronline.com/adgg025po0101

IMPORTANTE

Tal y como se expresa en el preámbulo de la propia Ley 6/2020, esta no realiza una regulación sistemática de los servicios electrónicos de confianza, que ya han sido legislados por el **Reglamento (UE) 910/2014 (conocido como el**

Continúa en página siguiente >>

<< Viene de página anterior

Reglamento eIDAS), el cual, por respeto al principio de primacía del Derecho de la Unión Europea, no debe reproducirse total o parcialmente. La función de esta Ley es complementarlo en aquellos aspectos concretos que el Reglamento no ha armonizado y cuyo desarrollo prevé en los ordenamientos de los diferentes Estados miembros, cuyas disposiciones han de ser interpretadas de acuerdo con él.

La **seguridad** que ofrece a la ciudadanía y a cualquier agente económico o institucional la utilización de la firma electrónica puede ser vista desde dos perspectivas:

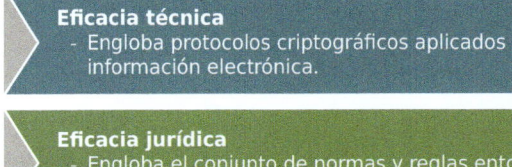

Eficacia técnica
- Engloba protocolos criptográficos aplicados a la información electrónica.

Eficacia jurídica
- Engloba el conjunto de normas y reglas entorno a las transacciones electrónicas.

DEFINICIÓN

Protocolos criptográficos
Son mecanismos de transporte de datos electrónicos que aportan diferentes niveles de seguridad basados en técnicas de cifrado.

El **régimen jurídico** de la firma electrónica nace con el objetivo de englobar un conjunto de reglamentos como **normas** y reglas aplicables que regulan la firma electrónica, ayudando a comprender a los usuarios qué **consecuencias jurídicas** tiene formalizar cualquier actividad mediante firma electrónica.

El marco normativo de la firma electrónica proporciona las reglas de su uso y sus consecuencias, pero también ofrece seguridad a los usuarios.

IMPORTANTE

A nivel europeo y para todos los países miembros, es el Reglamento (UE) 910/2014 del Parlamento Europeo la norma aplicable a la firma electrónica.

La **protección jurídica** no es otra que la de poder dar **certidumbre** y **confianza** a la población de todos sus derechos como afectados, ya que queda determinado con total claridad aquello que está permitido o, por el contrario, aquello que está totalmente prohibido.

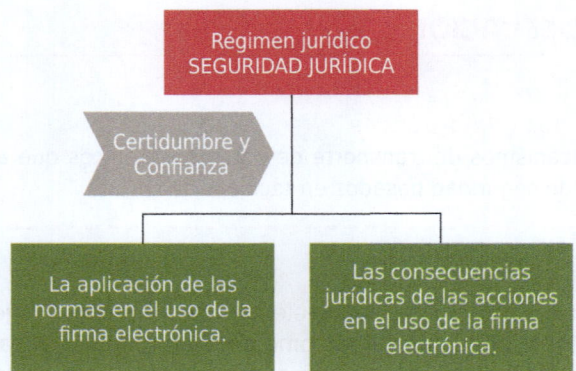

Régimen jurídico
SEGURIDAD JURÍDICA

Certidumbre y Confianza

La aplicación de las normas en el uso de la firma electrónica.

Las consecuencias jurídicas de las acciones en el uso de la firma electrónica.

IMPORTANTE

Es muy importante que las personas conozcan las reglas de aplicación de la firma electrónica y además comprendan cuáles son las consecuencias de las gestiones realizadas con ella.

- -

4. Concepto

☞ HILO CONDUCTOR

Cristóbal, tras estar en posesión de la base normativa que regula la firma electrónica, advierte en uno de sus primeros artículos una buena definición que le ayuda a comprender el significado y la importancia de manejar una firma digital. Aunque su equipo gestor está por la buena labor de introducir mecanismos digitales a los procesos administrativos, Cristóbal quiere asegurarse de que el departamento al completo conoce todas las implicaciones de la utilización de la firma electrónica.

- -

El artículo 3 de la Ley de firma electrónica mostró ya con claridad la descripción del concepto que aún se mantiene de esta importante herramienta digital.

La firma electrónica es el conjunto de datos en forma electrónica, consignados junto a otros o asociados con ellos, que pueden ser utilizados como medio de identificación del firmante.

(Art. 3.1)

IMPORTANTE

Para proceder a la firma electrónica, previamente se ha de disponer de un certificado electrónico. Gracias a este certificado, será posible identificar inexcusablemente al poseedor, quien asumirá las consecuencias asociadas a la firma de documentos.

- -

La firma electrónica no solamente es reconocida con este nombre, existen otros calificativos que son **sinónimos,** por lo que no está mal que sepas reconocer estos otros conceptos.

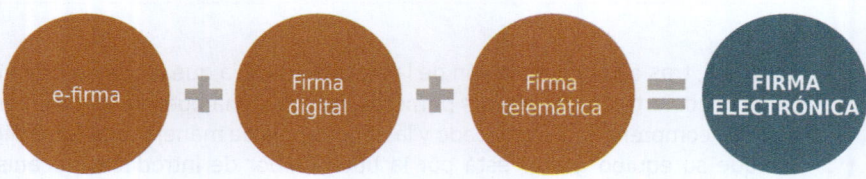

IMPORTANTE

La firma electrónica es un término reconocido jurídicamente como la equivalencia a lo que tradicionalmente se conoce como firma manuscrita (aunque existen distinciones en la normativa sobre tipos de firmas que son equiparables a la manuscrita). Esto significa que un usuario con firma electrónica puede validar el contenido electrónico de un documento en formato electrónico y aceptarlo teniendo valor legítimo.

- -

5. Tipos de firma

☞ **HILO CONDUCTOR**

Parece que, en principio, Gaditanitos S. L. no tiene ningún problema para comprender las consecuencias que implica manejar una firma digital. Es evidente que todo ello supondrá una agilización de procesos, pudiendo centrar los esfuerzos del negocio en lo verdaderamente importante que es la producción. Sin embargo, la cosa se empieza a complicar cuando Cristóbal detecta la existencia de varios tipos de firma electrónica. Esto le lleva a prestar atención a todos los detalles de la ley para poder establecer una clara diferenciación entre ellas.

La firma electrónica debe servir para identificar al firmante, sin embargo, el Reglamento eIDAS establece una diferenciación entre los tres tipos de firma electrónica existentes.

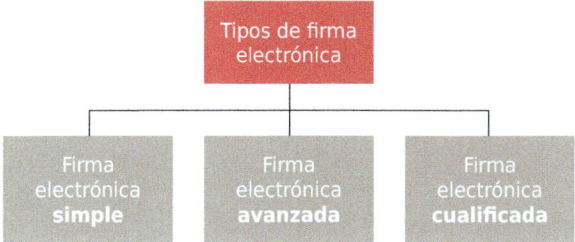

La **firma electrónica simple** no proporciona los elementos necesarios para garantizar ciertos procesos, únicamente identifica al firmante (la propiedad de la firma) y la autenticidad de la firma.

Esto no es suficiente para asegurar las comunicaciones. Por ejemplo, con la utilización de esta firma no es posible garantizar la **integridad de la transacción.**

👁 EJEMPLO

Recibes un correo electrónico en el que se adjunta tu próximo contrato. Te piden que a la mayor brevedad posible lo devuelvas firmado. Rápidamente lo imprimes y firmas cada página. Posteriormente lo escaneas y respondes al correo electrónico adjuntando el contrato firmado.

- -

Aunque el proceso de comunicación es telemático, con la firma electrónica simple la seguridad es muy limitada.

¿Qué evidencias podrían confirmar que el documento no ha sido alterado y que la firma que identifica a su propietario corresponde realmente a su titular?

En breve conocerás qué significado tiene el concepto integridad.

5.1. ¿En qué se diferencian los otros dos tipos de firma electrónica?

Entre la **firma electrónica avanzada** y la **firma electrónica cualificada** hay una sustancial diferencia.

Por una parte, la ley define la firma electrónica avanzada de esta forma:

La firma electrónica avanzada es la firma electrónica que permite identificar al firmante y detectar cualquier cambio ulterior de los datos firmados, que está vinculada al firmante de manera única y a los datos a que se refiere y que ha sido creada por medios que el firmante puede mantener bajo su exclusivo control. (Reglamento eIDAS)

Por otra parte, se define la **firma electrónica cualificada,** de esta otra manera:

Se considera **firma electrónica cualificada** la firma electrónica avanzada basada en un certificado reconocido y generada mediante un dispositivo seguro de creación de firma. (Reglamento eIDAS)

Acorde a lo expresado en la normativa, la única firma electrónica que puede ser una réplica electrónica con la misma validez legal que la firma manuscrita es la **firma electrónica cualificada.**

La normativa expresa que la firma electrónica cualificada tendrá el mismo valor que la firma manuscrita respecto a los datos consignados electrónicamente, como diferencia de los datos consignados tradicionalmente en papel.

TAREA 1

Gonzalo está iniciando los trámites de separación, su amigo abogado le indica que le envíe a su todavía esposa una propuesta de reparto de bienes y condiciones económicas, pero que debe asegurarse antes de que la firma de los documentos enviados electrónicamente contará con el respaldo jurídico necesario para, si se da el caso, justificar ante la autoridad legal su interés de colaborar amistosamente.

En base a esto, indícale a Gonzalo cuál de las tres firmas electrónicas cumple con ese requisito.

- -

La firma electrónica se caracteriza por dotar a la comunicación vía internet de tres funcionalidades fundamentales:

- **Identificación:** la firma electrónica debe asegurar la identificación del sujeto firmante, bien sea persona física o jurídica.
- **Integridad:** la firma electrónica debe dotar de protección y seguridad al documento firmado electrónicamente, permaneciendo este íntegro e inalterable, no pudiendo ser manipulable posteriormente a la firma.
- **No repudio:** la firma electrónica debe garantizar que una vez firmado electrónicamente el documento, no pueda ser repudiado por el firmante, imposibilitando la opción de no reconocerlo posteriormente.

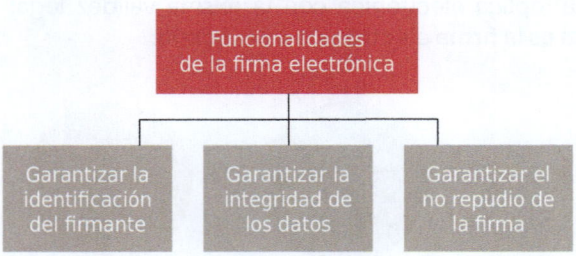

Unido a las funcionalidades mencionadas, la firma electrónica cualificada tiene además otras importantes virtudes que la hacen ser la protagonista en todo aquel proceso de comunicación telemática.

Identificación del firmante	Aseguramiento del no repudio en el origen	Verificación de la integridad del documento firmado

Cuenta con la participación de un tercero de confianza	Está basada en un certificado reconocido	Es generada con un dispositivo seguro de creación de firma

 RECUERDA

No debes olvidar que la firma electrónica es un proceso para el cual es necesario disponer de un certificado electrónico cuya función es la de identificar al propietario o poseedor debiendo haber sido emitido por un proveedor de servicios de certificación.

A modo de resumen, y para esclarecer las diferencias entre los tres tipos de firma electrónica, presta atención a la distinción mostrada en la siguiente la imagen:

SIMPLE	AVANZADA	CUALIFICADA
- Nivel mínimo de seguridad - Identifica al firmante - Autenticidad de datos	- Nivel medio de seguridad - Vincula al firmante de manera única - Permite la identificación del firmante - Alto nivel de confianza por haber sido creada utilizando datos de creación de firma electrónica - Permitiría la detección de modificaciones	- Nivel máximo de seguridad - Verifica la identidad del firmante - Verifica la integridad de datos firmados - Requiere de un certificado cualificado de firma electrónica - Requiere de un dispositivo seguro de creación de firma cualificado y regulado
FACILIDAD DE USO	**FACILIDAD DE USO + SEGURIDAD + GARANTÍAS LEGALES**	**SEGURIDAD + GARANTÍAS LEGALES + NECESITA DISPOSITIVOS**

NOTA

La firma electrónica cualificada es idéntica a la avanzada solo que se ejecuta con un dispositivo seguro de creación de firma y está escudada por un certificado digital reconocido.

----

6. Usos

☞ HILO CONDUCTOR

Para medir bien el esfuerzo y valorar los beneficios que supondrá a Gaditanitos S. L. digitalizar el área administrativa y la financiera, Cristóbal quiere conocer con ejemplos muy concretos qué uso práctico tiene la firma electrónica. Para ello, un buen colega suyo que ya lo ha experimentado le explica con todo detalle las muchas ventajas y utilidades.

Para llevar la teoría a la práctica con cierto grado de motivación, antes hay que conocer qué usos tiene la firma electrónica y qué caracteriza a esta comunicación telemática de información.

Estos serían solo algunos ejemplos:

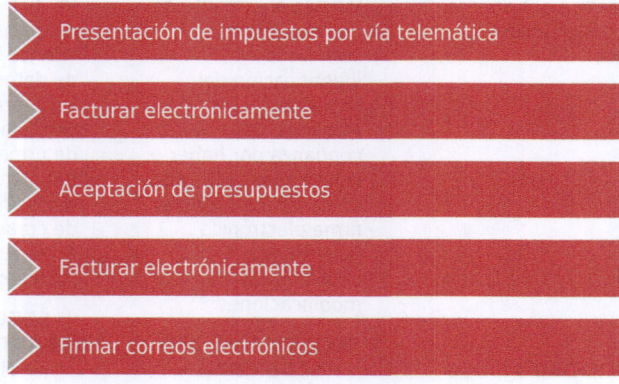

- Presentación de impuestos por vía telemática
- Facturar electrónicamente
- Aceptación de presupuestos
- Facturar electrónicamente
- Firmar correos electrónicos

Continúa en página siguiente >>

<< Viene de página anterior

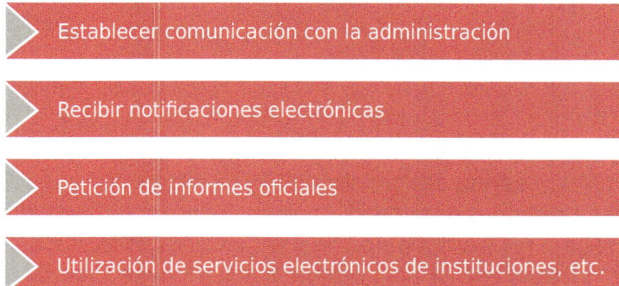

Establecer comunicación con la administración

Recibir notificaciones electrónicas

Petición de informes oficiales

Utilización de servicios electrónicos de instituciones, etc.

La **firma electrónica** es una **herramienta de comunicación** que conecta electrónicamente a los usuarios con los organismos oficiales a nivel nacional, autonómico, de ámbito local e incluso también a nivel internacional. Gracias a estos procesos, la ciudadanía en general y las empresas en particular pueden solventar trámites vía internet con diferentes organismos públicos y privados, incorporando las nuevas tecnologías en la actividad de comunicación diaria.

Esta conexión facilita además de innumerables **transacciones administrativas,** otras muchas **comerciales** y **financieras.**

El mundo online necesita garantizar las transacciones donde viajan datos, y es la firma electrónica el instrumento clave que las dota de tres elementos fundamentales: la integridad del contenido, la autenticidad en origen y la confidencialidad (eficacia técnica).

7. Formatos

☞ **HILO CONDUCTOR**

Una vez comprendidas las diferencias entre las distintas tipologías de firma electrónica, las áreas de administración y financiera de Gaditanitos S. L. formulan algunas cuestiones relacionadas con qué tipos de archivos electrónicos son los válidos para realizar todo tipo de transacciones. Para responder a estas cuestiones, Cristóbal invita a su colega, quien ya tiene sobrada experiencia en el uso y manejo de la firma electrónica.

La firma electrónica viaja junto con los datos de manera electrónica en un "contenedor". Esto quiere decir que el **formato de firma** es la forma electrónica que adopta el documento generado tras la firma que está dentro de ese "contenedor". El documento de firma puede adoptar diversas formas o formatos electrónicos, de ahí que se diga que existen múltiples y variados formatos de firma. Por tanto, un fichero electrónico de firma tiene un formato que vendrá determinado por varios elementos:

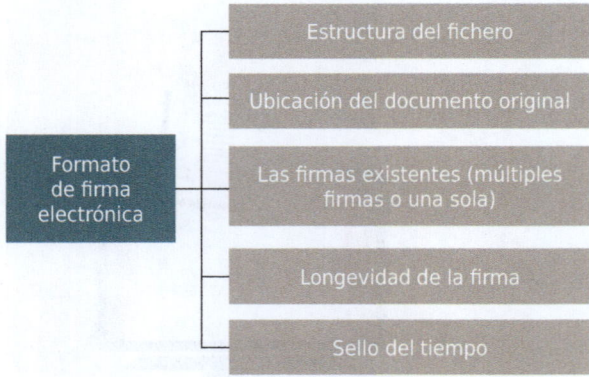

La **estructura del fichero de firma** puede adoptar diferentes formatos. Estos son algunos de ellos:

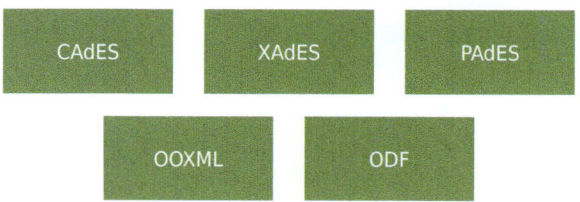

 EJEMPLO

Una factura electrónica en formato FACTURAE, tiene una estructura de fichero de firma XAdES.

 CONSEJO

Para facilitar la lectura de documentos firmados electrónicamente, es aconsejable firmar los mismos en el formato de archivo mundialmente conocido como es el PDF. En este sentido, el formato de firma o estructura del fichero generado será PAdES, pudiendo ser legible la firma o firmas, la longevidad (tiempo de validez) y el sello temporal (identifica al firmante, la fecha y hora y la integridad del documento) y el documento original, mediante cualquier visualizador de PDF.

 ACTIVIDAD COMPLEMENTARIA

1. Virginia quiere demostrar que la factura fue emitida y firmada en la fecha en la que se prestó el servicio de asesoramiento. La Agencia Tributaria le reclama un importe y Virginia tiene que aportar todos los documentos necesarios para poder justificar que todo es correcto.
   ¿Qué ventajas le hubiera proporcionado a Virginia el haber emitido y firmado la factura telemáticamente con una firma electrónica cualificada?

8. Dispositivos de firma

HILO CONDUCTOR

Aclaradas las dudas, el colega de Cristóbal aprovecha para explicar algunas cuestiones relacionadas con los dispositivos de firma, ya que más tarde o más temprano generarán las mismas dudas que a él le surgieron cuando comenzó a implementar en los procesos de comunicación telemática la firma digital.

A lo largo del recorrido formativo, hemos nombrado en alguna ocasión la necesidad de contar con un **dispositivo cualificado de creación de firma**, si en la elección está el uso de la **firma electrónica cualificada.**

RECUERDA

La firma electrónica cualificada, proporciona el nivel máximo de seguridad:

- Verifica la identidad del firmante.
- Verifica la integridad de datos firmados.
- Requiere de un certificado cualificado de firma electrónica.
- Requiere de un dispositivo seguro de creación de firma cualificado o sello electrónico regulado.

8.1. ¿Qué es y para qué sirve un dispositivo cualificado de creación de firma?

El **dispositivo cualificado de creación de firma** es un mecanismo que permite garantizar por medios técnicos y de procedimiento que la creación de la firma cumple con unas exigencias normativas del **Reglamento eIDAS o Reglamento (UE) 910/2014/CE.** Estas son las expresadas en el Anexo II de la citada normativa europea:

- Garantía razonable de la confidencialidad de los datos de creación de firma electrónica utilizados para la creación de firmas electrónicas.
- Garantía de que los datos de creación de firma electrónica utilizados para la creación de firma electrónica solo puedan aparecer una vez en la práctica.
- Garantía razonable de que los datos de creación de firma electrónica utilizados para la creación de firma electrónica no pueden ser hallados por deducción y de que la firma está protegida con seguridad contra la falsificación mediante la tecnología disponible en el momento.
- Garantía razonable de que los datos de creación de la firma electrónica utilizados para la creación de firma electrónica puedan ser protegidos por el firmante legítimo de forma fiable frente a su utilización por otros.
- Garantía de que los dispositivos cualificados de creación de firmas electrónicas no alterarán los datos que deben firmarse ni impedirán que dichos datos se muestren al firmante antes de firmar.
- Garantía de que la generación o la gestión de los datos de creación de la firma electrónica en nombre del firmante solo podrán correr a cargo de un prestador cualificado de servicios de confianza.
- Garantía de que los prestadores cualificados de servicios de confianza que gestionen los datos de creación de firma electrónica en nombre del firmante podrán duplicar los datos de creación de firma únicamente con objeto de efectuar una copia de seguridad de los citados datos siempre que se cumplan los siguientes requisitos:

  - La seguridad de los conjuntos de datos duplicados es del mismo nivel que para los conjuntos de datos originales.
  - El número de conjuntos de datos duplicados no supera el mínimo necesario para garantizar la continuidad del servicio.

 DEFINICIÓN

Dispositivo cualificado de creación de firma
Es un *hardware*, o equipo con programa informático, que está configurado para crear una firma electrónica atendiendo a las exigencias recogidas en el Anexo II del Reglamento eIDAS.

 EJEMPLO

Un lector de DNIe (documento nacional de identidad con chip integrado de acreditación de identidad electrónica con validez jurídica) es un ejemplo de dispositivo de creación de firma cualificada. También lo puede ser otro tipo de lector homologado.

PARA SABER MÁS

Existe una aplicación homologada, *DNIeRemote*, que permite aprovechar la tecnología NFC de los dispositivos móviles para transformar los *smartphones* en lectores de DNIe.

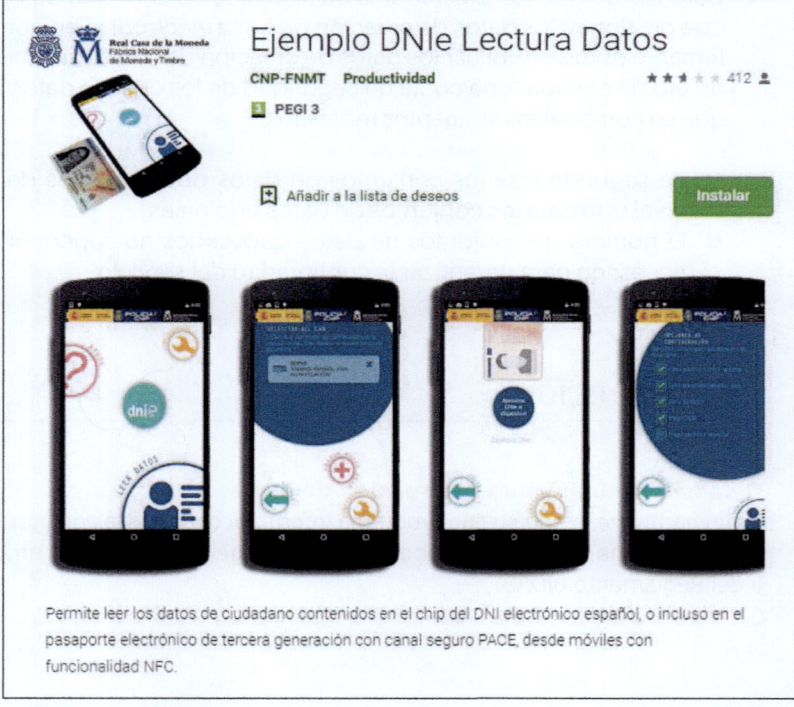

App DNIeRemote en Google Play

Continúa en página siguiente >>

<< Viene de página anterior

Para acceder a más información, accede al siguiente código:

https://redirectoronline.com/adgg025po0102

---

9. Sistema de certificación de prestadores de servicios de certificación y dispositivos de servicios de firma electrónica

☞ HILO CONDUCTOR

Ahora que poco a poco se va comprendiendo cómo funciona la firma electrónica, todavía quedan algunos aspectos que Cristóbal tiene que aclarar para definitivamente implantarla como herramienta para su negocio. Por ejemplo, no sabe muy bien quién es el responsable de certificar que un documento firmado electrónicamente tiene validez.

Como habrás ido observando a lo largo del contenido formativo, han sido muchas las veces que ha aparecido el concepto **certificado de firma.** Aunque habrá, más adelante, una unidad específica para desarrollar y profundizar en este término, sí es determinante en este momento que sepas de la existencia de un sistema de certificación de **prestadores de servicios de certificación y de dispositivos.**

El prestador de servicios de certificación es una entidad jurídica o persona física autorizada para expedir certificados electrónicos o bien que presta servicios de firma electrónica.

Para facilitar la comprensión de lo que significa ser prestador de servicios de certificación, es posible decir que representa la persona física o jurídica que interviene en el proceso de firma y a la que habría que acudir para certificar, con una firma electrónica, un documento que obrara en nuestro poder que nos identifique como firmantes ante un receptor del documento.

La labor de estas entidades es la de dar fe mediante una firma electrónica de que la firma digital con la que se ha firmado el documento es la correspondiente a una identidad firmante concreta.

 **IMPORTANTE**

Los servicios de certificación son aquellos que deben ser proporcionados por los prestadores para que cualquier receptor y remitente pueda consultar los certificados expedidos, su validez y el estado (en vigor, etc.).

- -

La siguiente imagen representa de manera muy sencilla en qué momento de la facturación electrónica intervienen los servicios de certificación y los dispositivos de firma entre las figuras del emisor y del receptor.

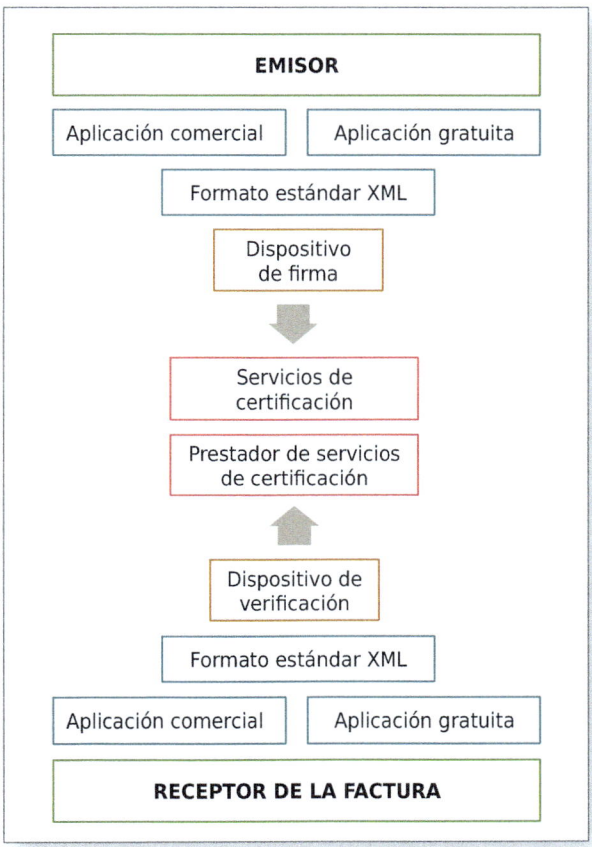

Representación del proceso de envío y recepción de factura electrónica firmada con un dispositivo de creación de firma y con los servicios de certificación

10. La firma electrónica como medio de prueba en juicio

 **HILO CONDUCTOR**

Gaditanitos S. L. pretende en breve poder poner en marcha un sistema de facturación electrónica. Con esta fórmula conseguirá agilizar pedidos, tener un

Continúa en página siguiente >>

<< Viene de página anterior

mayor control de los mismos e incluso aprovechar la información para generar una buena base de datos electrónicos. Sin embargo, Cristóbal quiere estar bien seguro de que la firma electrónica elegida le pueda servir de prueba de cara a alguna incidencia con los pedidos.

El amplio marco normativo que regula el mercado interior y el mercado exterior en relación con la firma electrónica implica que en ocasiones puedan surgir algunas contradicciones relacionadas con la interpretación de las normas. Para dar solución a posibles conflictos, surge el **Reglamento (UE) 910/2017.**

Este reglamento clarifica la validez de la firma electrónica avanzada y la firma electrónica cualificada para, si fuera necesario, ejercer el derecho de protección en cualquier tribunal de la Unión Europea, situación poco transparente que ofrecía la anterior Directiva 1999/93/CE.

Aunque la normativa europea (Reglamento (UE) N.º 910/2017 de 23 de julio de 2014 relativo a la identificación electrónica y los servicios de confianza para las transacciones electrónicas en el mercado interior y por la que se deroga la Directiva 1999/93/CE) expresa lo siguiente...

No se denegarán efectos jurídicos ni admisibilidad como prueba en procedimientos judiciales a una firma electrónica por el mero hecho de ser una firma electrónica o porque no cumpla los requisitos de la firma electrónica cualificada.

(Art. 25.1)

... es cierto que la mejor manera de extremar las precauciones para no sufrir el riesgo de suplantación de identidad es con el uso de la **firma electrónica avanzada** y con la **firma electrónica cualificada.**

11. Documentos firmados electrónicamente

☞ HILO CONDUCTOR

Cristóbal ve muy interesante la posibilidad de que los empleados que van a manejar cada día contratos, presupuestos, facturas e impuestos conozcan cómo es el proceso de la firma de documentos. No existe mejor manera que invitar de nuevo a una reunión a Gustavo, su colega, quien de nuevo tratará de aclarar todas las dudas que acontezcan.

Para que puedas entender cómo es el proceso de firma electrónica, presta atención a la siguiente imagen que representa paso a paso cómo es la firma electrónica de un documento.

Representación del proceso de firma electrónica

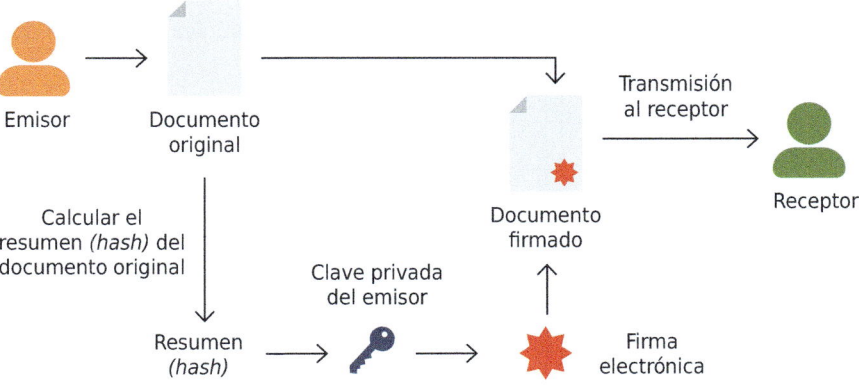

✎ IMPORTANTE

La firma electrónica será una equivalencia a la firma manuscrita siempre que esté basada en un certificado cualificado, de ahí recibe el nombre de firma electrónica cualificada.

La **gestión documental electrónica** en una empresa o negocio es fundamental, principalmente, porque de ella depende en gran medida la velocidad a la que podrá ir el negocio.

 **DEFINICIÓN**

Gestión documental electrónica
Representa el sistema de control eficiente (evitando duplicidades, problemas de almacenamiento, visibilidad y pérdida) de documentos de manera electrónica: generación, recepción, conservación, manejo y disposición de archivos electrónicos.

- -

 VÍDEO

En este vídeo se explica el proceso de la firma electrónica y los beneficios que supone para una empresa:

https://redirectoronline.com/adgg025po0103

- -

Existen aplicaciones de firma a través de las cuales es posible realizar la firma de documentos. Una de las más conocidas es la aplicación *AutoFirma.*

Gracias a este tipo de programas, la firma de documentos es sencilla, además posibilita al receptor del documento para que pueda verificar la firma sin ninguna complicación.

Puedes acceder y descargar el programa en el siguiente enlace donde además encontrarás el programa de validación de firmas electrónicas *VALIDe:*

https://redirectoronline.com/adgg025po0104

12. Servicios de certificación

Gaditanitos S. L. indaga sobre cuáles son los servicios de certificación que necesitará. Son muchas y muy buenas las propuestas comerciales que existen en el mercado, sin embargo, Cristóbal quiere tomar la mejor decisión e investigar cuáles son los prestadores de servicios que se adecuan mejor a la legislación.

Un documento original es emitido, firmado electrónicamente y transmitido al receptor, quien podrá acudir a los **servicios de certificación** para comprobar la validez de la firma.

Existen dos tipos de prestadores de servicios de certificación:

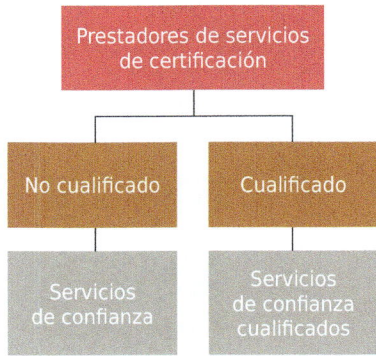

El **servicio de confianza** es un conjunto de servicios electrónicos proporcionados comercialmente; es decir, como prestadores de servicios, cobran una remuneración por conceder estos servicios a clientes:

- Crear, verificar y validar firmas electrónicas, sellos electrónicos o sellos de tiempo electrónicos, servicios de entrega electrónica certificada y certificados relativos a estos servicios.
- Crear, verificar y validar certificados para la autenticación de sitios web.
- Preservar firmas, sellos o certificados electrónicos relativos a los servicios proporcionados.

El **servicio de confianza cualificado,** por el contrario, es un conjunto de servicios electrónicos ofrecidos por prestadores de servicios cualificados y a quienes el organismo de supervisión les ha concedido la cualificación en base a las exigencias especificadas en el Reglamento (UE) N.° 910/2014 del Parlamento Europeo y del Consejo de 23 de julio de 2014.

 PARA SABER MÁS

Para realizar la consulta de los diferentes prestadores de servicios electrónicos de confianza cualificados y no cualificados, accede a los diferentes enlaces proporcionados.

Prestadores cualificados

https://redirectoronline.com/adgg025po0105

Prestadores no cualificados

https://redirectoronline.com/adgg025po0106

Continúa en página siguiente >>

<< Viene de página anterior

También, puedes consultar la *Lista de confianza de prestadores cualificados de servicios electrónicos de confianza.*

https://redirectoronline.com/adgg025po0107

 APLICACIÓN PRÁCTICA

Marcelo ha creado una página web para su comercio *online*. Sabe que necesita configurar el servidor web para la autenticación del sitio web, por ello acude a un prestador de servicios de certificación llamado CERES, pero quiere asegurarse si presta servicios de confianza cualificado.

¿Cómo podrá saber si el prestador de servicios electrónicos de confianza CERES es cualificado o no lo es?

Solución

Marcelo puede tener la respuesta fácilmente accediendo a la página de consulta de prestadores de servicios electrónicos del Gobierno de España. Desde allí podrá comprobar que la Fábrica Nacional de Moneda y Timbre – Real Casa de la Moneda (FNMT-RCM) tiene un departamento llamado CERES que está catalogado como prestador de servicios electrónicos de confianza cualificado ofreciendo multitud de servicios, entre los que está el servicio de expedición de certificado cualificado EV de autenticación de sitios web.

---

13. Concepto de prestadores de servicios de certificación sujeto a la ley

☞ HILO CONDUCTOR

Para Cristóbal es muy importante que Gaditanitos S. L. cuente con los servicios electrónicos cualificados de confianza; le da cierta tranquilidad saber que detrás está un organismo de supervisión y que cada cierto tiempo están sometidos a control.

Los prestadores de servicios electrónicos de confianza cualificados están sujetos a una normativa y están sometidos a una supervisión; tanto los cualificados como los no cualificados deben garantizar un nivel de seguridad técnica e informar inmediatamente de cualquier incidencia que pudiera afectar a los interesados.

En el caso de los servicios ofrecidos por los prestadores cualificados de servicios de confianza, son auditados cada dos años por un organismo de evaluación. La idea es poder comprobar que cumplen íntegramente con el reglamento.

El **marco normativo** al que deben supeditarse es el siguiente:

- Reglamento (UE) N.º 910/2014 del Parlamento Europeo y del Consejo de 23 de julio de 2014 relativo a la identificación electrónica y los servicios de confianza para las transacciones electrónicas en el mercado interior y por el que se deroga la Directiva 1999/93/CE.
- Real Decreto ley 19/2018, de 23 de noviembre, de servicios de pago y otras medidas urgentes en materia financiera, que transpone la Directiva (UE) 2015/2366 sobre servicios de pago en el mercado interior (PSD2).
- Ley 6/2020, de 11 de noviembre, reguladora de determinados aspectos de los servicios electrónicos de confianza.
- Ley 39/2015, de 1 de octubre, del Procedimiento Administrativo Común de las Administraciones Públicas.
- Ley 40/2015, de 1 de octubre, de Régimen Jurídico del Sector Público.

NOTA

Un prestador de servicio de confianza no cualificado puede iniciar en cualquier momento los trámites para que sea evaluado por el organismo de supervisión y poder obtener la cualificación gracias a un informe de conformidad tras la evaluación correspondiente.

El organismo de supervisión tiene unas competencias asignadas por los Estados miembros. Cada territorio de la Unión Europea tendrá su propio supervisor que será designado mediante acuerdo mutuo.

Tal y como está definido en el reglamento europeo, las atribuciones asignadas de estos organismos de supervisión son estas:

- Supervisar a los prestadores cualificados de servicios de confianza establecidos en el territorio del Estado miembro que lo designa a fin de garantizar, mediante actividades de supervisión previas y posteriores, que dichos prestadores cualificados de servicios de confianza, y los servicios de confianza cualificados prestados por ellos, cumplen los requisitos establecidos en el presente reglamento.

- Adoptar medidas, en caso necesario, en relación con los prestadores no cualificados de servicios de confianza establecidos en el territorio del Estado miembro que lo designa, mediante actividades de supervisión posteriores, cuando reciba la información de que dichos prestadores no cualificados de servicios de confianza, o los servicios de confianza prestados por ellos, supuestamente no cumplen los requisitos establecidos en el presente reglamento.

- Cooperar con otros organismos y prestarles asistencia de conformidad. Analizar los informes de evaluación de la conformidad. Informar a otros organismos de supervisión y al público de la violación de seguridad o la pérdida de integridad. Informar a la comisión de sus actividades principales. Realizar auditorías o solicitar a un organismo de evaluación de la conformidad que realice una evaluación de la conformidad de prestadores cualificados de servicios de confianza.

Continúa en página siguiente >>

<< Viene de página anterior

– Conformidad de prestadores cualificados de servicios de confianza. Cooperar con las autoridades de protección de datos, en particular, informándoles, sin demora indebida, de los resultados de las auditorías de los prestadores cualificados de servicios de confianza en caso de posible infracción de las normas sobre protección de datos personales. Conceder la cualificación a los prestadores de servicios de confianza y a los servicios de confianza que prestan y retirar esta cualificación. Comunicar al organismo responsable de la lista de confianza de conceder o retirar la cualificación, salvo si dicho organismo es también el organismo de supervisión. Verificar la existencia y la correcta aplicación de las disposiciones relativas a los planes de cese en caso de que los prestadores de servicios de confianza cesen sus actividades. Requerir que los prestadores de servicios de confianza corrijan cualquier incumplimiento de los requisitos establecidos en el presente reglamento.

14. Infracciones y sanciones

👉 HILO CONDUCTOR

Cristóbal tiene suficiente información para entender y comprender cómo beneficiará al negocio la firma electrónica de documentos, pero es interesante que también conozca en qué sanciones puede incurrir un prestador de servicios si no cumple con sus obligaciones. Tranquilizará a Cristóbal saber que detrás de la tecnología está siempre la labor de los organismos de control.

En relación con las posibles infracciones y sanciones, la Ley 6/2020, de 11 de noviembre es realmente clara como así se expresa en su artículo 18.

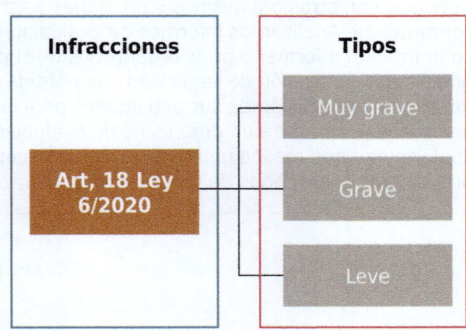

Atendiendo a los preceptos del Reglamento (UE) 910/2014 y según la Ley 6/2020, serán consideradas **infracciones muy graves** las siguientes:

a. *La comisión de una infracción grave en el plazo de dos años desde que hubiese sido sancionado por una infracción grave de la misma naturaleza, contados desde que recaiga la resolución sancionadora firme.*

b. *La expedición de certificados cualificados sin realizar todas las comprobaciones previas relativas a la identidad u otras circunstancias del titular del certificado o al poder de representación de quien lo solicita en su nombre, señaladas en el Reglamento (UE) 910/2014 y en esta Ley, cuando ello afecte a la mayoría de los certificados cualificados expedidos en el año anterior al inicio del procedimiento sancionador o desde el inicio de la actividad del prestador si este periodo es menor.*

Las sanciones por este tipo de infracciones muy graves son:

> Multa de 150.001 a 600.000 euros. La comisión de dos o más infracciones muy graves en el plazo de tres años podrá dar lugar, en función de los criterios de graduación del artículo siguiente, a la sanción de prohibición de actuación en España durante un plazo máximo de dos años.

Según la ley, serán consideradas **infracciones graves** las siguientes:

a. *La resistencia, obstrucción, excusa o negativa a la actuación inspectora de los órganos facultados para llevarla a cabo con arreglo a esta Ley.*

b. *Actuar en el mercado como prestador cualificado de servicios de confianza, ofrecer servicios de confianza como cualificados o utilizar la etiqueta de confianza «UE» sin haber obtenido la cualificación de los citados servicios.*

c. *En caso de que el prestador expida certificados electrónicos, almacenar o copiar, por sí o a través de un tercero, los datos de creación de firma, sello o autenticación de sitio web de la persona física o jurídica a la que hayan prestado sus servicios, salvo en caso de su gestión en nombre del titular.*

d. *No proteger adecuadamente los datos de creación de firma, sello o autenticación de sitio web cuya gestión se le haya encomendado en la forma establecida en el artículo 9.1.b) de esta Ley.*

e. *No registrar o conservar la información a la que se refiere el artículo 9.3.a) de esta Ley.*

f. *El incumplimiento de la obligación de notificación de incidentes establecida en el artículo 19.2 del Reglamento (UE) 910/2014, en los términos previstos en el artículo 13 de esta Ley.*

g. *En caso de prestadores cualificados de servicios de confianza, el incumplimiento de alguna de las obligaciones establecidas en los artículos 24.2, letras b), c), d), e), f), g), h), y k), 24.3 y 24.4 del Reglamento (UE) 910/2014, con las precisiones establecidas, en su caso, por esta Ley.*

h. *La expedición de certificados cualificados sin realizar todas las comprobaciones previas relativas a la identidad u otras circunstancias del titular del certificado o al poder de representación de quien lo solicita en su nombre, señaladas en el Reglamento (UE) 910/2014 y en esta Ley, cuando no constituya infracción muy grave.*

i. *La ausencia de adopción de medidas, o la adopción de medidas insuficientes, para la resolución de los incidentes de seguridad en los productos, redes y sistemas de información, en el plazo de diez días desde que aquellos se hubieren producido.*

j. *El incumplimiento de las resoluciones dictadas por el Ministerio de Asuntos Económicos y Transformación Digital para requerir a un prestador de servicios de confianza que corrija cualquier incumplimiento de los requisitos establecidos en esta Ley y en el Reglamento (UE) 910/2014.*

k. *La falta o deficiente presentación de información solicitada por parte del Ministerio de Asuntos Económicos y Transformación Digital en su función de inspección y control, a partir del segundo requerimiento.*

l. *No cumplir con las obligaciones de constatar la verdadera identidad del titular de un certificado electrónico y de conservar la documentación que la acredite, en caso de consignación de un pseudónimo.*

m. *El incumplimiento por parte de los prestadores cualificados y no cualificados de servicios de confianza de la obligación establecida en el artículo 19.1 del Reglamento (UE) 910/2014 de adoptar las medidas técnicas y organizativas adecuadas para gestionar los riesgos para la seguridad de los servicios de confianza que presten.*

n. *No extinguir la vigencia de los certificados electrónicos en los supuestos señalados en esta Ley.*

o. *La prestación de servicios cualificados careciendo del correspondiente seguro obligatorio, en los términos previstos en el artículo 9.3.b) de esta Ley.*

Las sanciones a este tipo de infracciones graves son:

Multa de
30.001 a
150.000 euros

NOTA

Para las infracciones graves y muy graves, el importe definitivo de la multa dependerá de factores como la existencia de intencionalidad, la reincidencia, el número de usuarios afectados, la duración del ejercicio de la infracción, el beneficio obtenido y el volumen de la facturación que se vea afectado por el delito.

- -

Según la Ley, serán consideradas **infracciones leves** las siguientes:

a. *Publicar información no veraz o no acorde con esta Ley y el Reglamento (UE) 910/2014.*

b. *No comunicar el inicio de actividad, su modificación o cese por los prestadores de servicios no cualificados en el plazo establecido en el artículo 12 de esta Ley.*

c. *El incumplimiento por los prestadores cualificados de servicios de confianza de alguna de las obligaciones establecidas en el artículo 24.2, letras a) e i) del Reglamento (UE) 910/2014.*

d. *El incumplimiento por los prestadores cualificados de servicios de confianza de su obligación de remitir un informe anual de actividad al Ministerio de Asuntos Económicos y Transformación Digital antes del 1 de febrero de cada año.*

e. *El incumplimiento del deber de comunicación establecido en el artículo 9.3.c) de esta Ley.*

f. *La falta o deficiente presentación de información solicitada por parte del Ministerio de Asuntos Económicos y Transformación Digital en su función de inspección y control.*

Las sanciones a este tipo de infracciones leves son:

Multa por importe de hasta 30.000 euros

APLICACIÓN PRÁCTICA

Gonzalo ha decidido que en los trámites de separación intervenga su amigo el abogado. Son muchos los trámites que este abogado está gestionando en el caso de Gonzalo, y debe remitirle una primera factura.

¿De qué elemento será necesario que disponga el abogado para facturar con una firma electrónica reconocida? ¿Qué alternativa puede utilizar en caso de no poder hacerse con ese elemento?

Solución

El abogado de Gonzalo quiere utilizar la firma con mayor nivel de seguridad. Para ello, tendrá que disponer de un dispositivo de firma electrónica.

En caso de no disponer de un dispositivo, puede utilizar una firma electrónica avanzada, la cual sigue teniendo un nivel de seguridad apropiado y cuenta con la validez legal necesaria para este tipo de trámites.

15. Resumen

En plena revolución tecnológica, las empresas y profesionales precisan la simplificación de métodos de comunicación que faciliten las relaciones comerciales tanto con clientes como con proveedores; también, las relaciones administrativas con las instituciones.

La firma electrónica es una eficaz herramienta tecnológica de comunicación capaz de integrar elementos de seguridad informática que aseguren cualquier proceso en el que se intervenga.

La firma electrónica en sus tres variedades da respuesta a estas necesidades pero con diferentes niveles de seguridad técnica y jurídica.

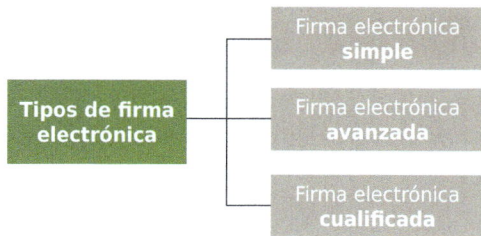

Siendo la firma cualificada la que se puede considerar réplica electrónica con la misma validez legal que la firma manuscrita y dotando a la comunicación vía internet de numerosas e importantes funcionalidades:

SIMPLE	AVANZADA	CUALIFICADA
- Nivel mínimo de seguridad - Identifica al firmante - Autenticidad de datos	- Nivel medio de seguridad - Vincula al firmante de manera única - Permite la identificación del firmante - Alto nivel de confianza por haber sido creada utilizando datos de creación de firma electrónica - Permitiría la detección de modificaciones	- Nivel máximo de seguridad - Verifica la identidad del firmante - Verifica la integridad de datos firmados - Requiere de un certificado cualificado de firma electrónica - Requiere de un dispositivo seguro de creación de firma cualificado y regulado
FACILIDAD DE USO	**FACILIDAD DE USO + SEGURIDAD + GARANTÍAS LEGALES**	**SEGURIDAD + GARANTÍAS LEGALES + NECESITA DISPOSITIVOS**

La firma electrónica se basa en un certificado de firma expedido por el prestador de servicios de certificación, que son entidades físicas o jurídicas que prestan servicios de firma electrónica.

Existen dos tipos de prestadores de servicios de certificación, que deben cumplir sus obligaciones y no infringir la normativa para no incurrir en una infracción:

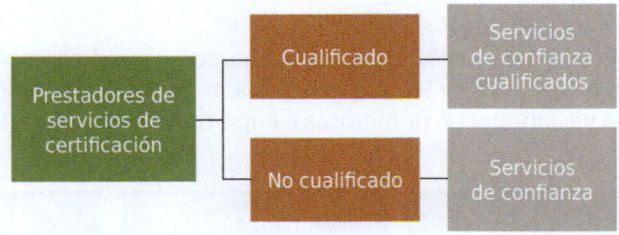

Ejercicios de autoevaluación
Unidad de Aprendizaje 1

1. Indica si las siguientes afirmaciones son verdaderas o falsas:

    a. En plena revolución tecnológica, las empresas y profesionales precisan la simplificación de métodos de comunicación que faciliten las relaciones comerciales tanto con clientes como con proveedores.

- Verdadero
- Falso

    b. La firma electrónica es una eficaz herramienta tecnológica de comunicación capaz de dar respuestas tanto a las necesidades empresariales como a las propias de la ciudadanía.

- Verdadero
- Falso

    c. No todos los usuarios pueden beneficiarse de sistemas de comunicación telemática que estén orientados a la eliminación de barreras relacionadas con hasta ahora imposiciones de presentación física para gestiones administrativas.

- Verdadero
- Falso

2. ¿Cómo debe ser percibida por los distintos usuarios la firma electrónica?

    a. Como un instrumento que proporciona los elementos de seguridad necesarios para que sea efectivo un cambio de mentalidad hacia la transformación digital.
    b. Como un complejo instrumento que solo está al alcance de pymes, empresas y profesionales.
    c. Como un instrumento sencillo que no requiere de ningún conocimiento específico.
    d. Como un instrumento cuyo mal uso no implica ninguna consecuencia que no pueda fácilmente resolverse.

3. ¿Cuál es la normativa básica de la firma electrónica?

a. Ley 6/2016, de 11 de noviembre, reguladora de determinados aspectos de los servicios electrónicos de confianza.
b. Ley 6/2019, de 11 de noviembre, reguladora de determinados aspectos de los servicios electrónicos de confianza.
c. Ley 6/2020, de 11 de noviembre, reguladora de determinados aspectos de los servicios electrónicos de confianza.
d. Ley 6/2021, de 11 de octubre, reguladora de determinados aspectos de los servicios electrónicos de confianza.

4. ¿Desde qué perspectiva es posible identificar la seguridad que proporciona el uso de la firma electrónica?

a. Desde la eficacia jurídica y técnica.
b. Desde la eficacia técnica y tecnológica.
c. Desde la eficacia tecnológica y procedimental.
d. Desde la eficacia procedimental y jurídica.

5. ¿Qué nombre reciben los mecanismos de transporte de datos electrónicos que aportan diferentes niveles de seguridad a las firmas basados en técnicas de cifrado?

a. Protocolo criptográfico.
b. Protocolo acróstico.
c. Protocolo de cifrado.
d. Protocolo de seguridad.

6. ¿Qué objetivo tiene el régimen jurídico de la firma electrónica?

a. Regular mediante normas y reglas el uso de la firma electrónica.
b. Informar de las consecuencias jurídicas por el uso de la firma electrónica.
c. Proporcionar protección jurídica, certidumbre y confianza para fomentar su uso.
d. Todas las opciones son correctas.

7. **¿Qué elemento previo es necesario para utilizar una firma electrónica?**

   a. Un dispositivo de firma electrónica.
   b. Una autorización electrónica.
   c. Un certificado electrónico.
   d. Todas las opciones son correctas.

8. **¿Qué nombre recibe la firma electrónica con el mayor nivel de seguridad?**

   a. Firma electrónica simple.
   b. Firma electrónica cualificada.
   c. Firma electrónica avanzada.
   d. Firma electrónica simple cualificada.

9. **¿Cuál de las siguientes funcionalidades no es propia de la firma electrónica?**

   a. Garantizar la identificación del firmante.
   b. Garantizar un único uso de la firma.
   c. Garantizar el no repudio de la firma.
   d. Garantizar la integridad de los datos firmados.

10. **¿Cuál de las siguientes respuestas no corresponde a una característica de la firma electrónica avanzada?**

   a. Verifica la integridad de un documento firmado.
   b. Cuenta con la participación de un tercero de confianza.
   c. Necesita un dispositivo de firma electrónico.
   d. Identifica al firmante.

Certificado electrónico

Contenido

Objetivos

El objetivo general de esta Unidad de Aprendizaje es:

→ Detallar todos los aspectos relativos al certificado electrónico, método criptográfico de transmisión de contenidos, tipos y clases de certificados, proceso de obtención, vigencia y motivos de extinción o suspensión.

Los objetivos específicos de esta Unidad de Aprendizaje son:

→ Entender el funcionamiento del método criptográfico asimétrico del certificado electrónico como mecánica de cifrado y descifrado del mensaje.

→ Diferenciar los conceptos de firma electrónica y certificado electrónico.

→ Comprender el contenido informativo que entraña un certificado electrónico que lo hace único e intransferible.

→ Identificar tipos y clases de certificados electrónicos.

→ Describir el procedimiento de obtención de un certificado electrónico.

→ Enumerar las causas de extinción y suspensión de la vigencia de un certificado electrónico.

1. Introducción

En el ámbito corporativo, de negocios, profesionales y también particulares, el uso de la firma digital cada vez es más relevante. Con ella es posible demostrar electrónicamente que el sujeto que firma la información transferida telemáticamente es quien dice ser.

Sin embargo, esta firma requiere de un certificado electrónico o digital que es el componente que posibilita que, de forma segura, los datos se puedan intercambiar identificando al firmante o firmantes.

El certificado digital es una certificación electrónica con unos criterios específicos de expedición, conservación y mantenimiento. Por este motivo es importante descubrir todos los detalles de este mecanismo clave de la firma digital.

Por todo ello y por la importancia que el certificado electrónico tiene en el proceso de la firma telemática, en esta unidad de aprendizaje quedarán resueltas las posibles dudas que hasta ahora se hayan podido generar, además de aprender otros nuevos conceptos relacionados con el certificado digital.

Para el desarrollo del contenido, nos seguiremos basando en la gestión que Cristóbal está llevando a cabo para implantar la firma electrónica en su original negocio Gaditanitos S. L.

2. Certificado electrónico

👉 **HILO CONDUCTOR**

El gerente de Gaditanitos S. L. está decidido a iniciar la transformación digital de su negocio con la firma electrónica. Tras indagar sobre cómo es el proceso y los elementos necesarios para poner en marcha un sistema de firma telemática, el primer paso es decidir qué tipo de certificado electrónico se ha de solicitar.

El **certificado electrónico** es una certificación que permite a personas físicas y jurídicas identificarse de manera telemática. También posibilita la firma electrónica y el cifrado de cualquier tipo de documento electrónico que deba ser transmitido digitalmente con gran seguridad informática.

La gestión de documentos electrónicos en entornos organizativos necesita de certificados electrónicos para la identificación de cada empleado o de cada responsable.

Existen numerosas gestiones administrativas dentro de una organización: trámites tributarios, proyectos informados, contratos, subvenciones, etc. Para llevar a cabo todos estos procedimientos e informarlos telemáticamente, es necesario contar con un **certificado electrónico.**

2.1. ¿Cómo es posible técnicamente que un certificado electrónico cumpla estrictamente con su función?

Estos certificados contienen una serie de datos que los hacen únicos e intransferibles:

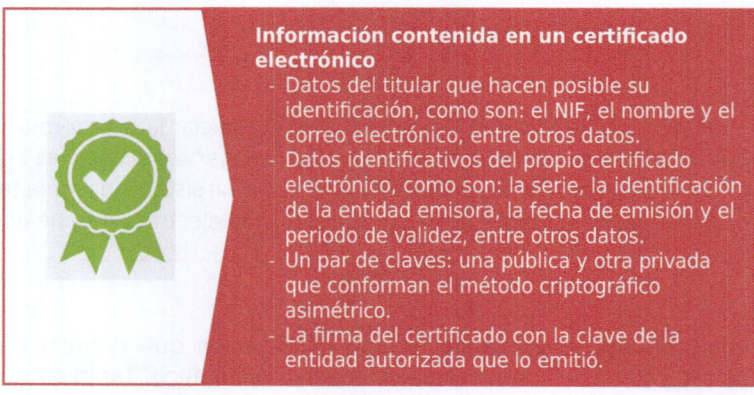

Información contenida en un certificado electrónico
- Datos del titular que hacen posible su identificación, como son: el NIF, el nombre y el correo electrónico, entre otros datos.
- Datos identificativos del propio certificado electrónico, como son: la serie, la identificación de la entidad emisora, la fecha de emisión y el periodo de validez, entre otros datos.
- Un par de claves: una pública y otra privada que conforman el método criptográfico asimétrico.
- La firma del certificado con la clave de la entidad autorizada que lo emitió.

DEFINICIÓN

Certificado electrónico
Es un documento que ha sido emitido y firmado por una entidad de certificación autorizada y que permite identificar a su titular con dos claves de seguridad o método criptográfico asimétrico.

RECUERDA

Con protocolos criptográficos es posible transferir datos electrónicos con diferentes niveles de seguridad basados en técnicas de cifrado.

El **par de claves de seguridad** que contiene el certificado electrónico son complementarias entre sí:

> Una clave es **PRIVADA:** únicamente es conocida por el titular del certificado.

> La otra clave es **PÚBLICA:** se ofrece abiertamente y gracias a ambas es posible transmitir la información de manera cifrada.

Gracias a ambas claves contenidas en el certificado electrónico, es posible transmitir la información totalmente codificada.

> **Firma electrónica**
> - La información cifrada con la clave privada requiere de la clave pública para poder ser descifrada.

> **Cifrado electrónico**
> - La información cifrada con la clave pública requiere de la clave privada para poder ser descifrada.

NOTA

El método criptográfico de cifrado que utiliza dos claves distintas (una privada y otra pública) se denomina criptografía asimétrica o método criptográfico asimétrico. Entre las dos claves se reparte la información contenida en el certificado electrónico, por lo que es posible decir que existe una parte privada y una pública en cada certificado electrónico.

Por un lado, el **método criptográfico asimétrico** posibilita que gracias a que la clave privada solamente es conocida por el titular, todo documento que ha sido generado con ella garantiza que ha sido generada por el propio dueño de dicha clave, es decir, con su **firma electrónica.**

Por otro lado, el **método criptográfico asimétrico** posibilita que el documento que se cifra con la clave pública únicamente pueda ser abierto por el titular o dueño de la complementaria clave privada, es decir, el **cifrado electrónico.**

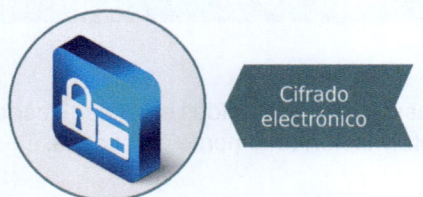

2.2. ¿Cómo se traduce el elemento de seguridad del certificado digital en la firma electrónica?

Con la acción del par de claves del certificado electrónico, la funcionalidad de la firma electrónica puede llevarse a cabo con total seguridad.

El elemento primordial que dota de un buen nivel de seguridad al proceso de la firma es la clave privada.

La clave privada jamás deberá ser revelada por parte de su titular, aunque aquello que es cifrado con esta clave podrá ser verificado con la clave pública y a inversa.

 **RECUERDA**

En el proceso de firma electrónica interviene un sistema de cifrado y descifrado asimétrico.

Representación del proceso de firma electrónica

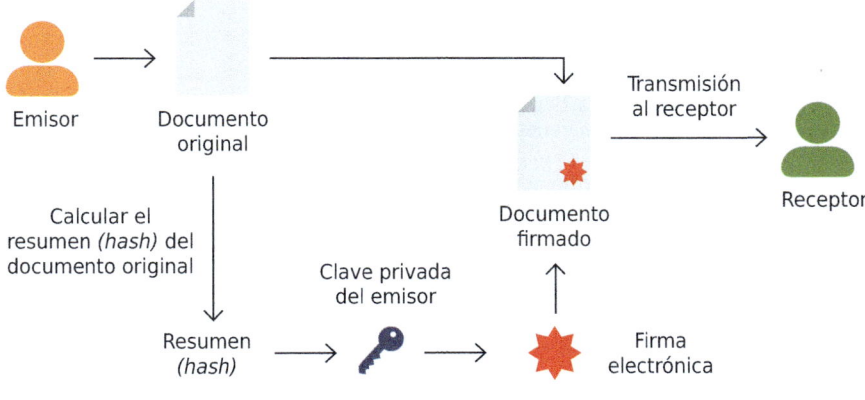

La firma electrónica de documentos es un proceso que deja una marca o huella electrónica.

Huella electrónica

Al firmar digitalmente un documento, se genera un vestigio inequívoco que hace posible que en ningún caso dos documentos distintos puedan tener una misma huella electrónica.

Sin embargo, dos documentos idénticos siempre generarán la misma huella.

Realmente, el proceso para generar la firma digital de un documento original basada en un certificado electrónico es muy sencillo:

DOCUMENTO = Contenido del mensaje

Huella electrónica cifrada por medio de la clave privada del certificado electrónico. Únicamente el titular del certificado puede cifrarlo.

Clave pública del certificado. Verifica la integridad del contenido y la identidad del firmante.

Igualmente, el **proceso de verificación** de una firma electrónica también es simple:

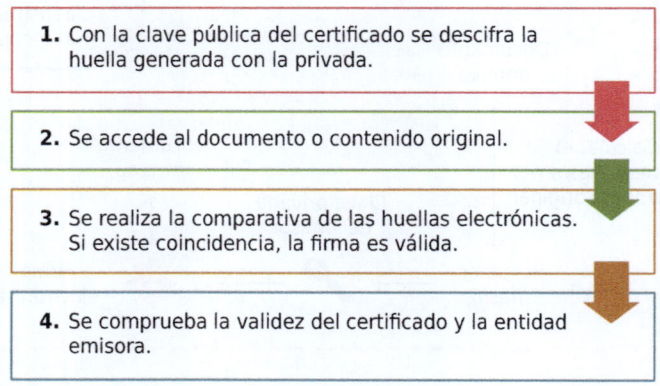

1. Con la clave pública del certificado se descifra la huella generada con la privada.

2. Se accede al documento o contenido original.

3. Se realiza la comparativa de las huellas electrónicas. Si existe coincidencia, la firma es válida.

4. Se comprueba la validez del certificado y la entidad emisora.

IMPORTANTE

Es en el tercer paso, al realizar la comparativa de las huellas digitales, cuando es posible saber si el documento se mantiene íntegro, no habiendo sido modificado su contenido. Y el cuarto paso es cuando se asegura la autenticidad del origen de la firma.

- -

TAREA 2

La Asociación ProCultura ha solicitado una subvención al ayuntamiento de su localidad de forma telemática. Unos días después de enviarla, habiendo ya generado la huella electrónica correspondiente, el responsable de presentar este trámite se ha dado cuenta de que en uno de los documentos faltó la firma del presidente. El plazo de la subvención ya ha terminado, y para evitar un problema ha pensado modificar el archivo enviado para incluir en él el documento correcto con la firma del presidente de la asociación.

¿Crees que será posible recuperar el archivo desde la huella electrónica generada, manteniéndola para modificar el contenido del mensaje y así cumplir los plazos?

- -

En ocasiones es muy fácil confundir dos términos que están asociados entre sí pero que sin embargo son dos conceptos diferentes.

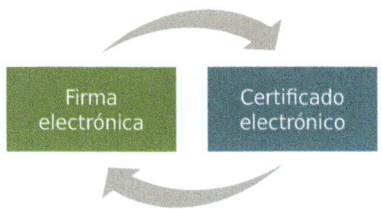

El Reglamento (UE) n.º 910/2014 del Parlamento Europeo y del Consejo de 23 de julio de 2014, relativo a la identificación electrónica y los servicios de confianza para las transacciones electrónicas en el mercado interior y por la que se deroga la Directiva 1999/93/CE, en su artículo 3 apartado 14, ofrece una definición de certificado electrónico y establece la relación con la firma electrónica diferenciando los dos conceptos:

14) «certificado de firma electrónica», una declaración electrónica que vincula los datos de validación de una firma con una persona física y confirma, al menos, el nombre o el seudónimo de esa persona.

(Art. 3.14)

 TAREA 3

Gustavo tiene claro que con su firma electrónica es posible verificar su identidad, por ello, cuando envía un documento firmado electrónicamente, el receptor puede comprobar la fuente de origen. Sin embargo, anda algo liado con la función del certificado.

¿Podrías indicarle alguna particularidad que le permita distinguir la firma del certificado?

- -

2.3. Tipos

Ahora, con todo lo aprendido, seguro que puedes hilar con este contenido todo lo que ya viste en la primera unidad de aprendizaje.

Existen **dos tipos** de certificados electrónicos:

Certificado electrónico
- Documento firmado electrónicamente por un prestador de servicios electrónicos de certificación.

Certificado electrónico cualificado
- Certificado electrónico con un contenido que cumple las exigencias de la normativa de firma electrónica y emitido (firmado) por un prestador de servicios electrónicos de certificación cualificado.

Ahora bien, teniendo en cuenta el titular del certificado electrónico, es posible realizar otra diferenciación.

Certificado de persona física o Ciudadano	Certificado de representación de persona jurídica o de Administrador Único y/o Solidario
- Identifica a una persona física no jurídica.	- Identifica a una persona jurídica, pero se expide a una persona física que la representa legalmente.

Certificado de representación de entidad sin personalidad jurídica	Certificado de Sector Público
- Identifica a una entidad que no tiene personalidad jurídica, pero se expide a una persona física que la representa.	- Identifica a empleados u organismos del Sector Público.

Las **entidades sin personalidad jurídica** son aquellas definidas por la ley que cumplen unos requisitos y cuyos socios conforman una sociedad donde se ponen en común recursos con derecho indiviso sin constituir una empresa o entidad jurídica. De cara a trámites telemáticos, necesita tener un representante que ostente un certificado electrónico específico para este tipo de sociedades.

 IMPORTANTE

Es posible que vayan apareciendo a lo largo del tiempo nuevas modalidades de certificados electrónicos. Por ejemplo, la FNMT-RCM (Fábrica Nacional de Moneda y Timbre-Real Casa de la Moneda) expide un tipo de certificado electrónico denominado de sello electrónico de Sector Público, utilizado como sistema de identificación y para las actuaciones administrativas, autenticando los documentos expedidos por estas Administraciones.

2.4. Clases

El documento electrónico correspondiente al certificado debe tener un soporte digital. En función del tipo de soporte, se pueden diferenciar **dos clases** de certificados electrónicos:

Certificado *software*	Certificado tarjeta
	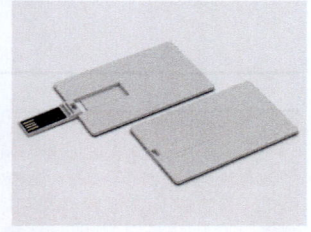
- Se trata de un fichero electrónico que se instala en un ordenador o dispositivo móvil.	- Se trata de un fichero electrónico alojado en una tarjeta que requiere un dispositivo de firma para ser leído.

 PARA SABER MÁS

Si tienes curiosidad por conocer algo más de las tarjetas criptográficas de certificado digital, accede al siguiente enlace donde incluso podrás, si lo deseas, adquirir una en la tienda virtual ¡pero no olvides el lector de tarjetas!

https://www.cert.fnmt.es/catalogo-de-servicios/tarjetas-criptograficas

3. Entidades emisoras de certificados electrónicos

☞ **HILO CONDUCTOR**

Gaditanitos S. L. pronto podrá iniciar cualquier tipo de trámite *online* gracias al certificado digital que en breve solicitará. Cristóbal indaga en una larga lista de entidades emisoras y sobre todo presta gran atención a todas las categorías de servicios electrónicos de confianza que cada una de ellas proporciona.

El aumento de las comunicaciones *online* y el peso que soporta la economía digital hacen que sea necesaria una implicación total por parte de todos los agentes sociales y económicos hacia una implementación de herramientas como es el caso del certificado digital.

Las entidades emisoras de certificados electrónicos ofrecen unos servicios electrónicos imprescindibles para generar confianza en el tejido empresarial, en el ámbito de las Administraciones públicas y en la sociedad en general. Es la mejor manera de poder seguir siendo competitivo en el actual mundo globalizado permaneciendo conectado.

En este sentido, los servicios prestados por las entidades emisoras de certificados derivan en consecuencias muy positivas que repercuten directamente en el desarrollo del país.

Es difícil imaginar a día de hoy un avance de las sociedades gestionando la información y las comunicaciones con viejos sistemas tradicionales, donde no intervengan transacciones telemáticas seguras y confiables.

RECUERDA

Entre los servicios electrónicos de confianza que prestan las entidades emisoras de certificados están:

- Crear, verificar y validar firmas electrónicas, sellos electrónicos o sellos de tiempo electrónicos, servicios de entrega electrónica certificada y certificados relativos a estos servicios.
- Crear, verificar y validar certificados para la autenticación de sitios web.
- Preservar firmas, sellos o certificados electrónicos relativos a los servicios proporcionados.

---

4. Procedimiento de obtención de certificados electrónicos

☞ HILO CONDUCTOR

Cristóbal ya tiene ganas de que su negocio de buñuelos salados sea más productivo con la ayuda del certificado digital. En cuanto disponga del archivo, lo instalará en el ordenador, y será el responsable de contabilidad quien liderará la implementación de la factura digital. Ahora los procesos serán más rápidos, cada presupuesto entregado y aceptado tendrá validez legal.

Entre las principales responsabilidades de una entidad certificadora está la de emitir los certificados electrónicos. A través de estos certificados será posible realizar, por parte del titular, la firma digital en aquellas transacciones *online* que se deseen.

El procedimiento de obtención del certificado electrónico es sencillo. Para conocerlo, prestarás atención a los pasos que han de realizarse tomando como ejemplo el proceso de solicitud en una **entidad pública de certificación.**

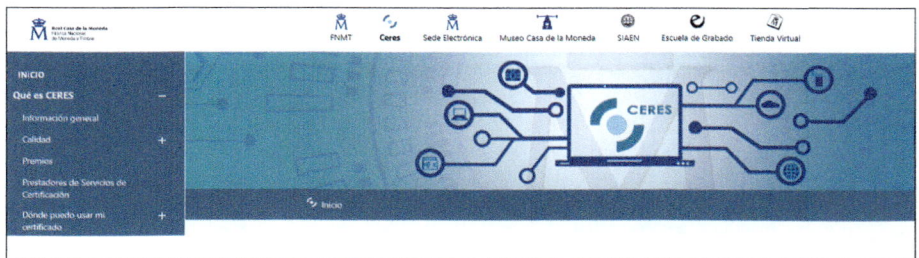

Sitio web de CERES, entidad pública de certificación

CERES nace como entidad pública de certificación a propuesta de la Administración. Está encabezada por la Fábrica Nacional de Moneda y Timbre-Real Casa de la Moneda y trata de dar respuestas a todas las dudas que surgen entorno a la firma electrónica.

Los pasos para solicitar un certificado electrónico a través de esta entidad se pueden resumir en cuatro:

4. Descarga

3. Acreditación

2. Solicitud

1. Configuración

NOTA

Puedes obtener el certificado y descargarlo en un ordenador o en un dispositivo móvil ***Android o iOS a través de la App Móvil.***

El trámite comenzará con una solicitud *online.* Habrá que elegir la clase de certificado que se desea solicitar y estar muy atento a las consideraciones previas.

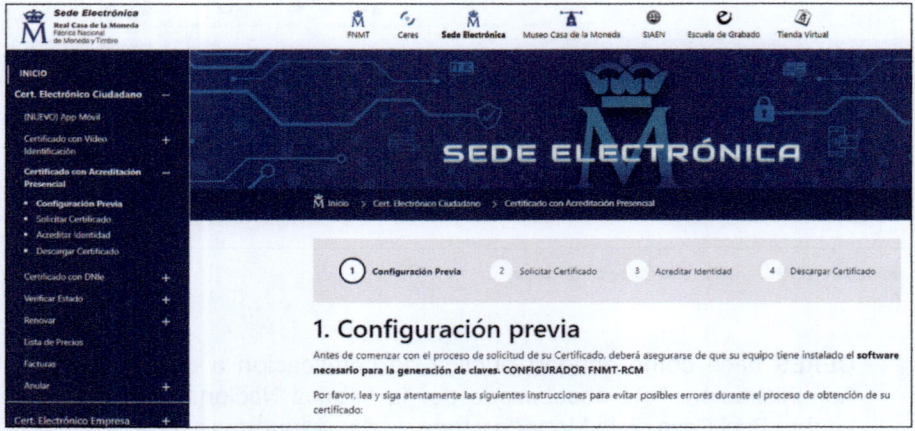

Trámite para la solicitud del certificado electrónico Ciudadano con acreditación presencial

 PARA SABER MÁS

Los navegadores que soportan la configuración que ha de realizarse en el primer paso son: Mozilla Firefox, Google Chrome, Microsoft EDGE, Opera y Safari. Puedes acceder al siguiente link que da respuesta a cuestiones técnicas de los navegadores.

https://redirectoronline.com/adgg025po0201

Una vez que se han tenido en cuenta todas las consideraciones técnicas y se ha solicitado el tipo de certificado, en tu correo electrónico recibirás un mensaje con un código que deberás mostrar al personarte en una oficina de registro para **acreditar la identidad, si se ha elegido certificado con acreditación presencial.** Este es el segundo paso.

Localizador de oficinas de registro

IMPORTANTE

Dependiendo del tipo de certificado solicitado, se tendrán que presentar, a la hora de acreditar la identidad, diferentes documentos: NIF, CIF, poderes, escrituras de constitución de la sociedad, etc.

Finalmente, en la oficina de registro donde se ha acreditado la identidad del solicitante, se le proporcionará al solicitante otra clave con la que podrá descargar el certificado *software,* siempre en el mismo dispositivo desde donde se realizó la solicitud y con el mismo navegador. Hay que estar muy atento, ya que se dispone de poco tiempo (48 horas) entre el paso 2 y el 3.

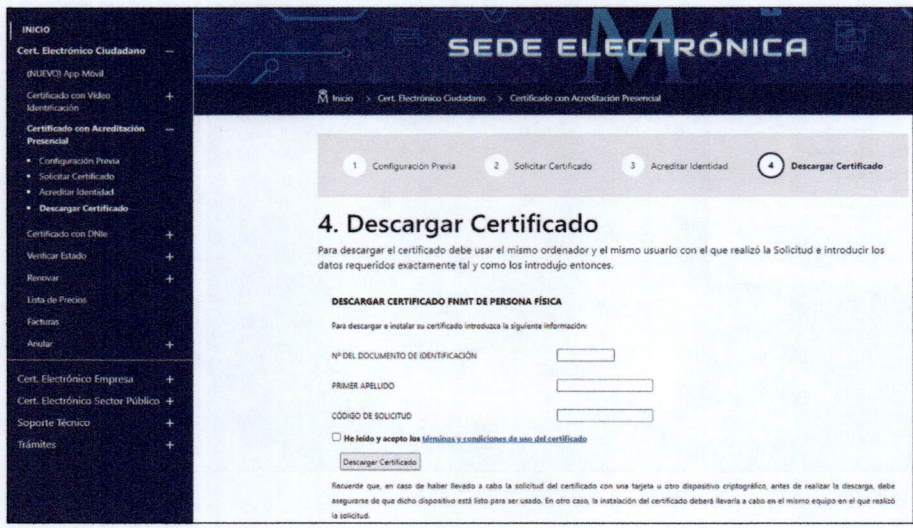

Descarga de certificado

 **CONSEJO**

Una vez que se disponga del certificado descargado en el ordenador, ya es posible operar con él. Siempre es aconsejable hacer una copia de seguridad.

 **VÍDEO**

En este enlace puedes visualizar varios vídeos en los que se explican cómo obtener el certificado Ciudadano con vídeo identificación y cómo obtener el certificado con App iOS o con App Android.

Continúa en página siguiente >>

<< Viene de página anterior

https://redirectoronline.com/adgg025po0202

 ACTIVIDAD COMPLEMENTARIA

2. Carlos necesita un método fácil y sencillo para gestionar trámites a distancia. Él es administrador único de una sociedad por lo que le han recomendado que solicite el certificado de administrador único o solidario para realizar múltiples acciones telemáticas.
¿Qué principales ventajas le ofrece a Carlos el certificado de administrador único emitido por CERES? Indaga en internet qué posibilidades ofrece este tipo de certificado.

---

5. La confidencialidad del certificado electrónico

 HILO CONDUCTOR

Gaditanitos S. L. ya puede comenzar a realizar trámites *online*. El proceso de obtención del certificado electrónico fue sencillo, apenas se dedicó unos minutos en el ordenador, además del tiempo requerido para presentar los documentos de la sociedad en la oficina del registro. Cristóbal también ha aprovechado para solicitar su propio certificado personal. ¿Qué se deberá tener en cuenta para asegurar la confidencialidad?

La **confidencialidad** de un servicio electrónico implica garantizar que el mensaje transmitido únicamente podrá ser visto por el sujeto al que va destinado. Esto queda explicado mediante la aplicación del sistema de cifrado criptográfico asimétrico.

El tipo de cifrado asimétrico hace posible que en el caso de "sabotaje" del mensaje, no podrá disponerse de ninguna forma del contenido íntegro, ya que este se encontraba repartido entre las dos partes del certificado electrónico (entre la pública y la privada). Además, la clave privada solamente es conocida por el titular, por lo que dificulta aún más que se vulnere la confidencialidad.

IMPORTANTE

Las técnicas de cifrado del certificado electrónico permiten garantizar que el contenido de un mensaje solamente podrá ser descifrado por la persona física o jurídica a la que va dirigida. Se trata del principio de CONFIDENCIALIDAD. Por ejemplo, los servicios de entrega electrónica certificada permiten transmitir datos telemáticamente entre partes aportando pruebas de que los datos han sido transferidos y recibidos por la persona de destino, de manera protegida ante amenazas de robo o pérdida y alteración de la documentación.

6. Extinción de la vigencia del certificado electrónico

 ## HILO CONDUCTOR

Cristóbal está realmente contento de haber llevado a cabo un importante paso hacia la transformación digital de su negocio gracias a la solicitud del certificado electrónico. Está plenamente convencido de que ello abaratará multitud de gestiones, mejorará la productividad y aumentará la competitividad de la empresa. Pero ahora le surge una duda, ¿qué ocurriría con el certificado que maneja un representante de la empresa y este que causa baja en el negocio?

Con el **certificado electrónico** se abre una gran ventana para gestionar **oportunidades en un ecosistema** *online.* Tanto para un pequeño negocio como para una gran compañía, puede simplificar tareas y automatizar la gestión documental de una manera efectiva y eficaz.

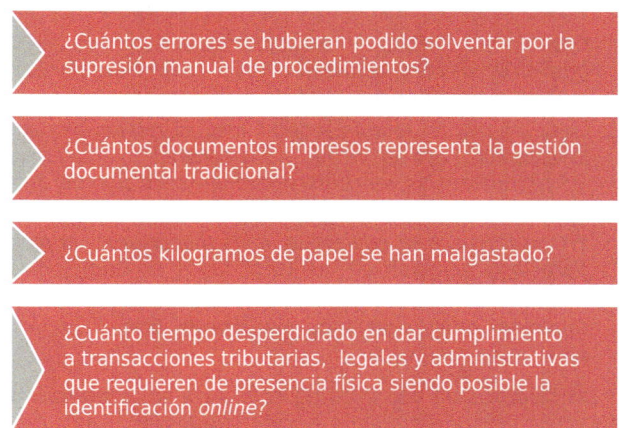

¿Cuántos errores se hubieran podido solventar por la supresión manual de procedimientos?

¿Cuántos documentos impresos representa la gestión documental tradicional?

¿Cuántos kilogramos de papel se han malgastado?

¿Cuánto tiempo desperdiciado en dar cumplimiento a transacciones tributarias, legales y administrativas que requieren de presencia física siendo posible la identificación *online?*

Como ya has podido observar, son innumerables los beneficios que representa implementar la firma digital gracias al certificado electrónico sea cual sea el ámbito de aplicación. Sin embargo, ha de tenerse en cuenta que si no se repara en la fecha del fin de vigencia, es posible que uno se vea obligado a tener que solicitarlo otra vez.

No obstante, son muchas las causas que pueden derivar en la extinción de la vigencia del certificado electrónico. Presta atención a todas ellas, las cuales están expresadas en el artículo 5 de la **Ley 6/2020 de 11 de noviembre,** reguladora de determinados aspectos de los servicios electrónicos de confianza:

1. *Los prestadores de servicios electrónicos de confianza extinguirán la vigencia de los certificados electrónicos mediante revocación en los siguientes supuestos:*

    a. *Solicitud formulada por el firmante, la persona física o jurídica representada por este, un tercero autorizado, el creador del sello o el titular del certificado de autenticación de sitio web.*

    b. *Violación o puesta en peligro del secreto de los datos de creación de firma o de sello, o del prestador de servicios de confianza, o de autenticación de sitio web, o utilización indebida de dichos datos por un tercero.*

    c. *Resolución judicial o administrativa que lo ordene.*

    d. *Fallecimiento del firmante; capacidad modificada judicialmente sobrevenida, total o parcial, del firmante; extinción de la personalidad jurídica o disolución del creador del sello en el caso de tratarse de una entidad sin personalidad jurídica, y cambio o pérdida de control sobre el nombre de dominio en el supuesto de un certificado de autenticación de sitio web.*

e. *Terminación de la representación en los certificados electrónicos con atributo de representante. En este caso, tanto el representante como la persona o entidad representada están obligados a solicitar la revocación de la vigencia del certificado en cuanto se produzca la modificación o extinción de la citada relación de representación.*

f. *Cese en la actividad del prestador de servicios de confianza salvo que la gestión de los certificados electrónicos expedidos por aquel sea transferida a otro prestador de servicios de confianza.*

g. *Descubrimiento de la falsedad o inexactitud de los datos aportados para la expedición del certificado y que consten en él, o alteración posterior de las circunstancias verificadas para la expedición del certificado, como las relativas al cargo.*

h. *En caso de que se advierta que los mecanismos criptográficos utilizados para la generación de los certificados no cumplen los estándares de seguridad mínimos necesarios para garantizar su seguridad.*

i. *Cualquier otra causa lícita prevista en la declaración de prácticas del servicio de confianza.*

2. *Los prestadores de servicios de confianza suspenderán la vigencia de los certificados electrónicos en los supuestos previstos en las letras a), c) y h) del apartado anterior, así como en los casos de duda sobre la concurrencia de las circunstancias previstas en sus letras b) y g), siempre que sus declaraciones de prácticas de certificación prevean la posibilidad de suspender los certificados.*

Como bien expresa la normativa, la extinción de la vigencia del certificado electrónico, sea por la causa que sea, nunca jamás tendrá efectos retroactivos, siendo el prestador de servicios de certificación quien deberá realizar todos los trámites para registrar la extinción o suspensión de la vigencia en cuanto tenga conocimiento por cualquiera de las causas expresadas.

La suspensión será efectiva por parte de los prestadores de servicios electrónicos de confianza si se diera alguna de estas circunstancias:

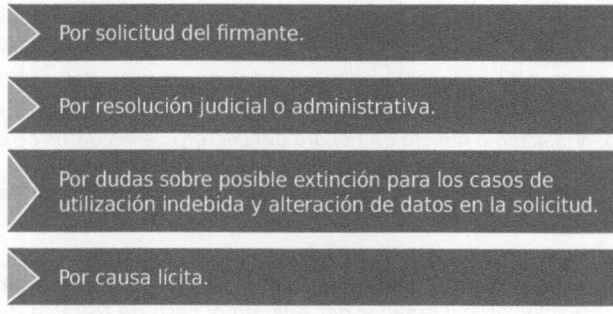

Por solicitud del firmante.

Por resolución judicial o administrativa.

Por dudas sobre posible extinción para los casos de utilización indebida y alteración de datos en la solicitud.

Por causa lícita.

La suspensión tomaría efecto desde el momento que quede incluido el servicio de consulta en relación a la vigencia de certificados a la entidad prestadora de servicios de certificación.

 PARA SABER MÁS

Si quieres ver qué puedes hacer cuando la fecha de fin de validez de tu certificado está próxima, entra en el enlace y conocerás cuál es el trámite para renovar el certificado antes de que llegue la fecha de caducidad.

https://redirectoronline.com/adgg025po0203

7. Certificados reconocidos

 HILO CONDUCTOR

Una vez que Cristóbal tiene respondida la anterior duda, es lógico y normal que vuelvan a surgir otras muchas, ya que para él y para su negocio es realmente novedoso el uso del certificado electrónico. Por ejemplo, ¿será posible acondicionar el certificado digital, para un tipo u otro de atribuciones específicas, que acredite facultades diferentes a los distintos representantes de Gaditanitos S. L.?

Con el certificado electrónico reconocido, el prestador de servicios electrónicos de confianza que lo ha emitido ha tenido que demostrar a la autoridad que cumple fehacientemente con el reglamento. Entre otras cosas es su obligación la de comprobar la identidad y otras circunstancias que rodean al solicitante. También tienen la obligación de ser fiables garantizando todos los servicios electrónicos que presten.

Como recordarás, los certificados electrónicos reconocidos contienen información:

- Datos del titular.
- Datos identificativos del propio certificado electrónico.
- Una clave pública y otra privada.
- La firma del certificado con la clave de la entidad autorizada que lo emitió.

Además de todo ello, también es posible incluir información relevante para las transacciones que se puedan llevar a cabo a través de los representantes:

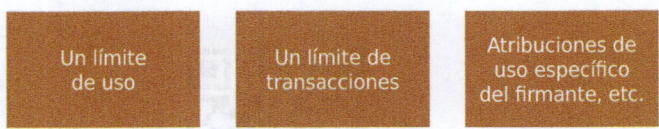

| Un límite de uso | Un límite de transacciones | Atribuciones de uso específico del firmante, etc. |

Esta **flexibilidad de configuración** dota de un valor mayor al certificado electrónico reconocido, ya que admite una ordenación de facultades para según qué profesional pueda actuar de determinada manera en representación de la empresa.

Por todo ello, dentro del contenido de datos que soporta un certificado electrónico reconocido, deberá incluirse la fórmula para acreditar taxativamente las atribuciones del firmante, pudiendo ser por medio de la inscripción registral de la escritura de la sociedad.

La Ley 6/2020, en su artículo 7, indica la manera de comprobación de la identidad y otras circunstancias de los solicitantes de un certificado cualificado:

1. *La identificación de la persona física que solicite un certificado cualificado exigirá su personación ante los encargados de verificarla y se acreditará mediante el Documento Nacional de Identidad, pasaporte u otros medios admitidos en Derecho. Podrá prescindirse de la personación de la persona física que solicite un certificado cualificado si su firma en la solicitud de expedición de un certificado cualificado ha sido legitimada en presencia notarial.*

2. *Reglamentariamente, mediante Orden de la persona titular del Ministerio de Asuntos Económicos y Transformación Digital, se determinarán otras condiciones y requisitos técnicos de verificación de la identidad a distancia y, si procede, otros atributos específicos de la persona solicitante de un certificado cualificado, mediante otros métodos de identificación como videoconferencia o vídeo-identificación*

que aporten una seguridad equivalente en términos de fiabilidad a la presencia física según su evaluación por un organismo de evaluación de la conformidad. La determinación de dichas condiciones y requisitos técnicos se realizará a partir de los estándares que, en su caso, hayan sido determinados a nivel comunitario.

Serán considerados métodos de identificación reconocidos a escala nacional, a los efectos de lo previsto en el presente apartado, aquellos que aporten una seguridad equivalente en términos de fiabilidad a la presencia física y cuya equivalencia en el nivel de seguridad sea certificada por un organismo de evaluación de la conformidad, de acuerdo con lo previsto en la normativa en materia de servicios electrónicos de confianza.

3. *La forma en que se ha procedido a identificar a la persona física solicitante podrá constar en el certificado. En otro caso, los prestadores de servicios de confianza deberán colaborar entre sí para determinar cuándo se produjo la última personación.*

4. *En el caso de certificados cualificados de sello electrónico y de firma electrónica con atributo de representante, los prestadores de servicios de confianza comprobarán, además de los datos señalados en los apartados anteriores, los datos relativos a la constitución y personalidad jurídica, y a la persona o entidad representada, respectivamente, así como la extensión y vigencia de las facultades de representación del solicitante mediante los documentos, públicos si resultan exigibles, que sirvan para acreditar los extremos citados de manera fehaciente y su inscripción en el correspondiente registro público si así resulta exigible. Esta comprobación podrá realizarse, asimismo, mediante consulta en el registro público en el que estén inscritos los documentos de constitución y de apoderamiento, pudiendo emplear los medios telemáticos facilitados por los citados registros públicos.*

5. *Cuando el certificado cualificado contenga otras circunstancias personales o atributos del solicitante, como su condición de titular de un cargo público, su pertenencia a un colegio profesional o su titulación, estas deberán comprobarse mediante los documentos oficiales que las acrediten, de conformidad con su normativa específica.*

6. *Lo dispuesto en los apartados anteriores podrá no ser exigible cuando la identidad u otras circunstancias permanentes de los solicitantes de los certificados constaran ya al prestador de servicios de confianza en virtud de una relación preexistente, en la que, para la identificación del interesado, se hubiese empleado el medio señalado en el apartado 1 y el período de tiempo transcurrido desde la identificación fuese menor de cinco años.*

7. *El Ministerio de Asuntos Económicos y Transformación Digital velará por que los prestadores cualificados de servicios electrónicos de confianza puedan contribuir a la elaboración de la norma reglamentaria prevista en el apartado 2 del presente artículo, de acuerdo con lo previsto en el artículo 26.6 de la Ley 50/1997, de 27 de noviembre, del Gobierno.*

TAREA 4

María es gerente de una inmobiliaria y en breve va a formalizar la compraventa de un inmueble. El cliente que adquiere la casa quiere constituir una hipoteca y le ha pedido a María que le haga la gestión con el banco.

María, a petición de la entidad financiera, tiene que remitirle toda la documentación que le ha proporcionado el cliente. El banco necesita tener en su poder datos para un estudio de viabilidad de la operación. Por los datos críticos de carácter personal que contiene dicha información, María tendrá que asegurarse de que la transmisión de datos telemáticamente es segura y confiable. Es la única manera en que la entidad financiera aceptará valorar la operación y realizar un estudio para su aprobación. María tiene que buscar la fórmula para que el mensaje viaje telemáticamente y que la recepción sea segura informáticamente y confiable. Hasta la fecha, esta inmobiliaria remitía los documentos (NIF, IRPF, nóminas, etc.) de sus clientes por correo electrónico a las diferentes entidades bancarias, pero ahora esta manera de proceder no es aceptada.

En base a esto, explícale a María cómo ha de proceder para que la fórmula de transmisión telemática de documentos utilice un método de cifrado cuya mecánica permita a esta actividad estar dotada de total seguridad informática.

- -

8. Resumen

El **certificado electrónico** es un documento que ha sido emitido y firmado por una entidad de certificación autorizada y que permite identificar a su titular con dos claves de seguridad o método criptográfico asimétrico.

Entre sus funciones está la de posibilitar que la transmisión telemática de información entre un emisor y un receptor sea informáticamente segura. Esto es posible gracias al **método criptográfico asimétrico** que utiliza un sistema de cifrado/descifrado con un par de claves, una privada y otra pública, ambas complementarias entre sí.

Una clave es **PRIVADA:** únicamente es conocida por el titular del certificado.

La otra clave es **PÚBLICA:** se ofrece abiertamente y gracias a ambas es posible transmitir la información de manera cifrada.

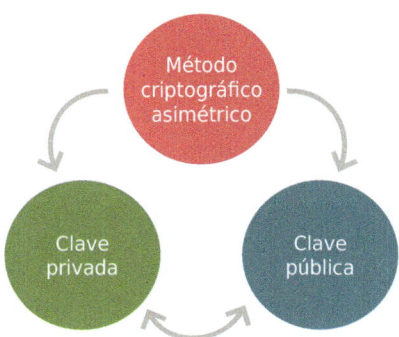

La **confidencialidad del mensaje y la integridad del documento** son otros principios de los que puede presumir el certificado digital:

Confidencialidad	- Permite en exclusividad que el destinatario del mensaje sea el único que pueda acceder a él tras su descifrado.
Integridad	- Deja una huella digital que pondría al descubierto si el contenido trasmitido ha sido manipulado o modificado durante el proceso, permitiendo al receptor comprobar por medio de la verificación de la firma si el contenido ha permanecido totalmente íntegro.

El certificado digital identifica electrónicamente una identidad.

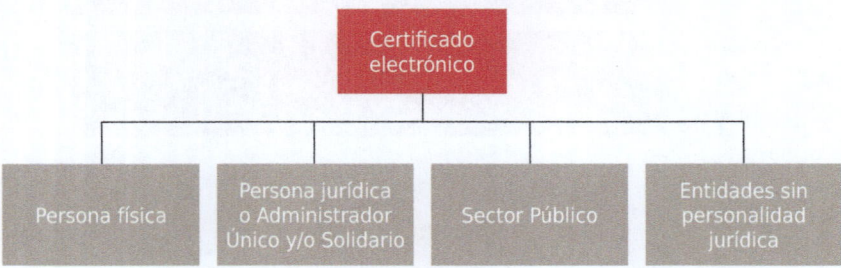

Puede denominarse simplemente certificado electrónico, emitido por una entidad de certificación, o bien ser otro tipo, **certificado electrónico reconocido,** cuyo prestador de servicios debe cumplir con unos compromisos normativos específicos.

Para su **obtención,** es necesario que el proceso se realice en cuatro sencillos pasos:

Una vez que la persona esté en disposición del certificado digital, podrá comenzar a realizar numerosos trámites *online* quedando identificada sobradamente su titularidad entre otros datos informados. No hay que olvidar que para el caso de personas jurídicas o entidades sin personalidad jurídica, previamente, se ha debido configurar en el certificado las facultades para que el responsable del certificado pueda operar acorde a sus atribuciones.

Ejercicios de autoevaluación
Unidad de Aprendizaje 2

1. Indica si las siguientes afirmaciones son verdaderas o falsas:

a. El certificado digital es una certificación electrónica con unos criterios específicos de expedición, conservación y mantenimiento.

- Verdadero
- Falso

b. El certificado electrónico es una certificación que permite a personas físicas y jurídicas identificarse de manera telemática.

- Verdadero
- Falso

c. El certificado electrónico posibilita la firma electrónica pero no el cifrado de cualquier tipo de documento electrónico que deba ser transmitido digitalmente con gran seguridad informática.

- Verdadero
- Falso

2. ¿Cuál de los siguientes datos no está contenido en un certificado electrónico?

a. El NIF o CIF de la persona física o jurídica del titular.
b. La identificación de la entidad emisora del certificado electrónico.
c. La firma del certificado con la clave de la entidad autorizada que lo emitió.
d. El nombre de la persona que representa a la entidad autorizada que lo emitió.

3. ¿Cómo se llama el método criptográfico en el que interviene una clave pública y una clave privada?

a. Simétrico.
b. Cifrado.

c. Asimétrico.

d. Acriptográfico.

4. Con la clave pública del certificado electrónico se descifra la huella generada con la clave privada. ¿Qué se consigue con esto?

a. Acceder al documento original.

b. Acceder a una parte del documento original.

c. Acceder al documento íntegro cifrado.

d. Acceder a la firma digital.

5. ¿En cuál de los pasos del proceso de verificación de una firma electrónica es posible saber si el documento se ha mantenido íntegro?

a. Cuando se realiza el primer paso, en el que se descifra la huella generada con la clave privada mediante la clave pública.

b. Cuando se realiza el segundo paso, en el que se accede al documento o contenido original.

c. Cuando se realiza en el tercer paso la comparativa de las huellas electrónicas. Si existe coincidencia, la firma es válida.

d. Cuando se realiza el cuarto y último paso, en el que se comprueba la validez del certificado y la entidad emisora.

6. ¿Qué nombre recibe el tipo de certificado electrónico emitido por la FNMT-RCM con el cual una entidad jurídica se identifica electrónicamente y puede realizar firmas digitales con una configuración flexible y adaptable a distintos usos?

a. Sello de tiempo.

b. Sello de firma.

c. Sello de entidad.

d. Sello de autoridad.

7. ¿Cuál de los siguientes servicios electrónicos de confianza no es prestado por las entidades emisoras de certificación?

a. Crear y verificar firmas electrónicas.

b. Entrega electrónica certificada.

c. Entrega postal de documentos certificados.

d. Crear, verificar y validar certificados para autenticación de sitios web.

8. **¿Qué paso hay que realizar para obtener el certificado electrónico tras configurar el navegador y realizar la solicitud?**

   a. Descargar el certificado en el ordenador.
   b. Acreditarse en una oficina de registro.
   c. Crear una copia de seguridad.
   d. Todas las respuestas son incorrectas.

9. **¿En qué consiste la confidencialidad de un servicio electrónico?**

   a. En garantizar identificar al firmante para confirmar que es quien dice ser.
   b. En garantizar que el mensaje trasmitido por el emisor se mantiene íntegro.
   c. En garantizar que el mensaje transmitido únicamente podrá ser visto por el sujeto al que va destinado.
   d. Todas las respuestas son correctas.

10. **El certificado electrónico reconocido permite una flexibilidad de configuración, ¿cuál de las siguientes opciones no es una característica propia de esta flexibilidad?**

    a. Permite establecer un límite de uso para el firmante.
    b. Permite ser activado o desactivado por el firmante.
    c. Permite establecer atribuciones de uso específico del firmante.
    d. Permite establecer un límite de transacciones para el firmante.

El documento nacional de identidad electrónico

Contenido

Objetivos

El objetivo general de esta Unidad de Aprendizaje es:

→ Descubrir el DNIe como instrumento adaptativo del documento nacional de identidad tradicional para dar respuesta eficiente a la realidad digital en la que está inmersa la sociedad.

Los objetivos específicos de esta unidad de aprendizaje son:

→ Identificar el conjunto de normas que otorgan la validez al DNI electrónico y regulan su expedición.

→ Establecer las similitudes y diferencias entre el DNI, DNIe y DNIe 3.0.

→ Comprender las ventajas de usabilidad del documento nacional de identidad electrónico.

1. Introducción

Una sociedad avanza a medida que van surgiendo nuevas necesidades y estas van siendo cubiertas. Aunque, económicamente hablando, el desarrollo de los países va directamente ligado a las rentas de sus ciudadanos, es posible decir que en función de la prevalencia de ciertas necesidades sociales, así será el mayor o menor uso de la tecnología.

Teniendo en cuenta esta reflexión, la humanidad acude a nuevos sistemas de proceder como es la innovación tecnológica para poner fin a problemas que nacen. Este es el caso del DNI electrónico, un instrumento innovador que sirve de respuesta para acreditar oficialmente la identidad del que cursa en infinidad de transacciones en el entorno *online*.

Sin embargo, aún quedan resquicios de desconfianza en parte de la sociedad para manejar transacciones electrónicas por cuestiones de seguridad. Por este motivo, en esta unidad se abordarán aspectos que confirmarán que existen instrumentos regulados y seguros para que las personas, empresas, administraciones o cualquier agente social puedan cubrir la necesidad de realizar comunicaciones telemáticas con garantía de seguridad.

Para el desarrollo del contenido, nos seguiremos basando en la experiencia de Cristóbal al frente de Gaditanitos S. L., quien ha decidido finalmente obtener su propio DNI electrónico.

2. Introducción al DNI electrónico

☞ HILO CONDUCTOR

Cristóbal pronto tiene que renovar su documento nacional de identidad; le da cierta nostalgia recordar la ilusión con la que fue a la comisaría para solicitar su primer DNI. Han pasado algunos años y más de una renovación. Sin embargo, en esta ocasión aprecia algunos cambios relevantes, pero con la transformación digital a la que está sometido su negocio apenas ha tenido tiempo de consultarlos.

La tarjeta identificativa oficial en España se reconoce con las siglas **DNI (documento nacional de identidad).** Como sabrás, se trata de una cartulina plastificada que acredita la identidad española del titular, conteniendo los datos personales del mismo así como un número asignado de identificación. Sin embargo, no siempre la apariencia de este documento acreditativo fue siempre la misma, tampoco su nombre.

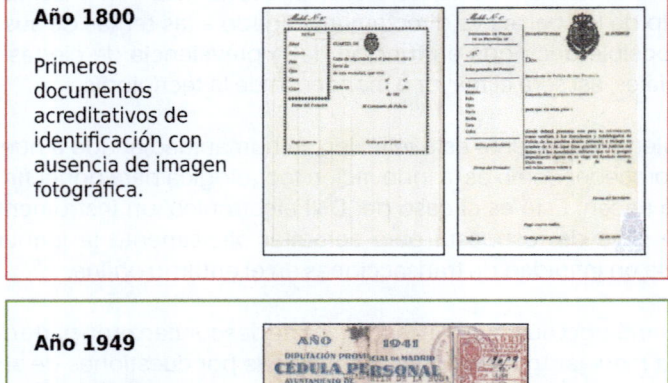

Año 1800

Primeros documentos acreditativos de identificación con ausencia de imagen fotográfica.

Año 1949

Documento acreditativo de identidad con fotografía.

Las cartas de seguridad, cédulas y pasaportes interiores sirvieron de precedentes al DNI, siendo documentos funcionales, principalmente de carácter fiscal, desde el año 1800 hasta 1951.

Transcurrido el primer periodo, dejaron de usarse las cédulas, cartas y pasaportes internos como documentos de identificación. Vio la luz por primera vez en marzo de 1951 el formato de DNI considerado como el más antiguo.

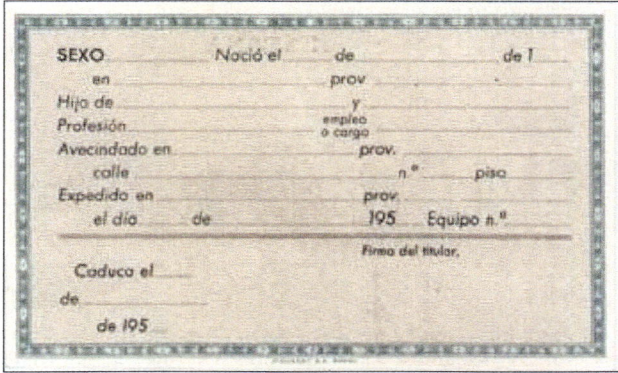

Boceto ganador ilustrado por Aquilino Rieusset que sirvió de modelo para su reproducción y uso

A partir de 1962, el diseño del DNI fue transformándose con el tiempo, siendo varios los modelos que fueron surgiendo:

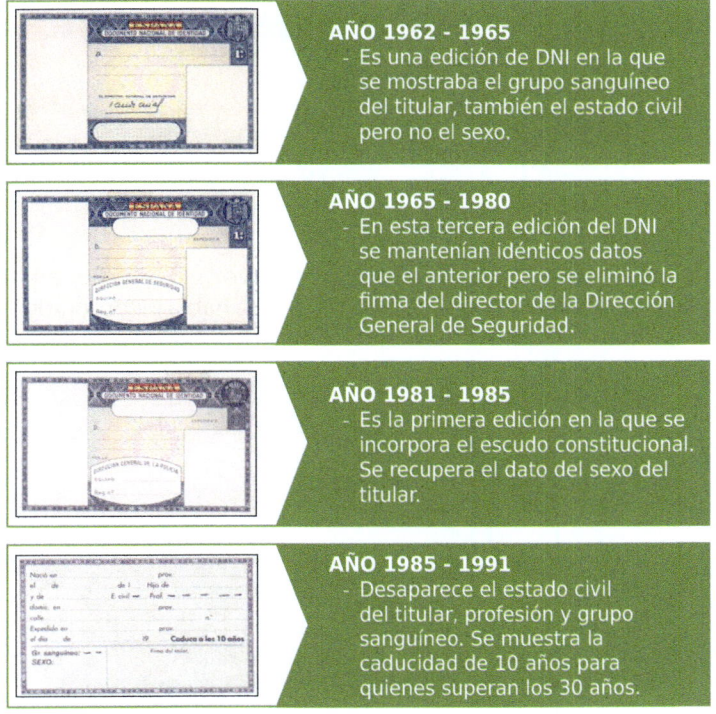

AÑO 1962 - 1965
- Es una edición de DNI en la que se mostraba el grupo sanguíneo del titular, también el estado civil pero no el sexo.

AÑO 1965 - 1980
- En esta tercera edición del DNI se mantenían idénticos datos que el anterior pero se eliminó la firma del director de la Dirección General de Seguridad.

AÑO 1981 - 1985
- Es la primera edición en la que se incorpora el escudo constitucional. Se recupera el dato del sexo del titular.

AÑO 1985 - 1991
- Desaparece el estado civil del titular, profesión y grupo sanguíneo. Se muestra la caducidad de 10 años para quienes superan los 30 años.

Continúa en página siguiente >>

[87]

<< Viene de página anterior

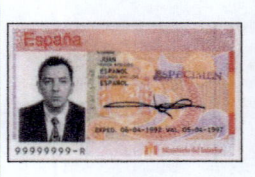

AÑO 1990 1.ª EDICIÓN INFORMATIZADA
- La sexta edición corresponde a un modelo cuyos datos, por primera vez, quedaban informatizados, pero la foto mostrada seguía siendo en blanco y negro.

2.ª EDICIÓN INFORMATIZADA
- La fotografía del titular ya aparece en color.

3.ª EDICIÓN INFORMATIZADA
- La sexta edición corresponde a un Se distingue el sexo pero es sustituido por las letras F - M (femenino) y V- M (masculino).

4.ª EDICIÓN INFORMATIZADA
- Es considerado el primer DNI bilingüe, pues muestra la lengua cooficial de la comunidad autónoma.

Fue en el año 2006 cuando por primera vez vio la luz una tarjeta del documento nacional de identidad en la que se había incorporado un chip convirtiéndolo en el **primer DNI electrónico** de la historia de España.

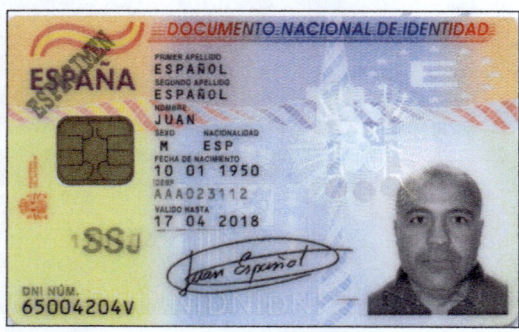

Continúa en página siguiente >>

[88]

<< Viene de página anterior

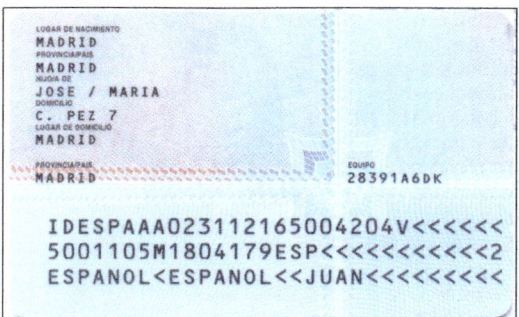

Modelo del primer DNI electrónico que fue utilizado hasta el año 2015

NOTA

El primer DNI electrónico ya permitía realizar alguna transacción telemática, pero para ello, era necesario disponer de un lector de tarjetas y conectarlo a un ordenador para poder usarlo.

Una vez que la tecnología entra en escena, poco a poco fue ejerciendo su gran influencia hasta que finalmente se consiguió la versión más nueva del DNI electrónico. Esta novedosa versión de DNI electrónico fue expedida por primera vez en diciembre del año 2015, recibiendo el nombre de **DNIe 3.0.**

Incorpora un microprocesador con chip dual con dos interfaces que permiten por una parte realizar transacciones electrónicas a más velocidad y por otra parte, otras con un requerimiento de mayor seguridad. Además, esto también permite incorporar la tecnología NFC y la lectura de los datos mediante un dispositivo lector.

Modelo de DNIe 3.0

 **NOTA**

La tecnología NFC *(near field communication)* es un tipo de tecnología que permite compartir e intercambiar datos sin necesidad de una aplicación y sin necesidad de contacto entre dispositivos. Un ejemplo de este tipo de tecnología incorporada a una tarjeta es la que lleva incorporada el chip de las tarjetas bancarias que admiten *contactless*.

 ACTIVIDAD COMPLEMENTARIA

3. Gemma es empleada de banco y conoce muy bien el funcionamiento de la tecnología NFC incorporada en las tarjetas bancarias y ahora también en los *smartphones.* Sin embargo, tras ser expedido su nuevo DNIe no llega a

Continúa en página siguiente >>

<< Viene de página anterior

comprender las posibilidades que brinda esta tecnología para este tipo de documento. ¿Serías capaz de darle una explicación?

Indaga en internet y busca un ejemplo de lo que podría implicar esta tecnología NFC incorporada en un DNIe 3.0.

En junio de 2021 se presentó un nuevo formato del DNIe como cumplimiento del **Reglamento UE 2019/1157 del Parlamento Europeo y del Consejo de 20 de junio de 2019,** sobre el refuerzo de la seguridad de los documentos de identidad de los ciudadanos de la Unión y de los documentos de residencia expedidos a ciudadanos de la Unión y a los miembros de sus familias que ejerzan su derecho a la libre circulación. La última versión del DNI electrónico es el **DNIe 4.0,** que además de incluir las medidas de seguridad con las que ya contaba el DNIe 3.0, incorpora:

La bandera de la UE junto a las siglas del país emisor	La indicación del documento en otra lengua oficial de la UE

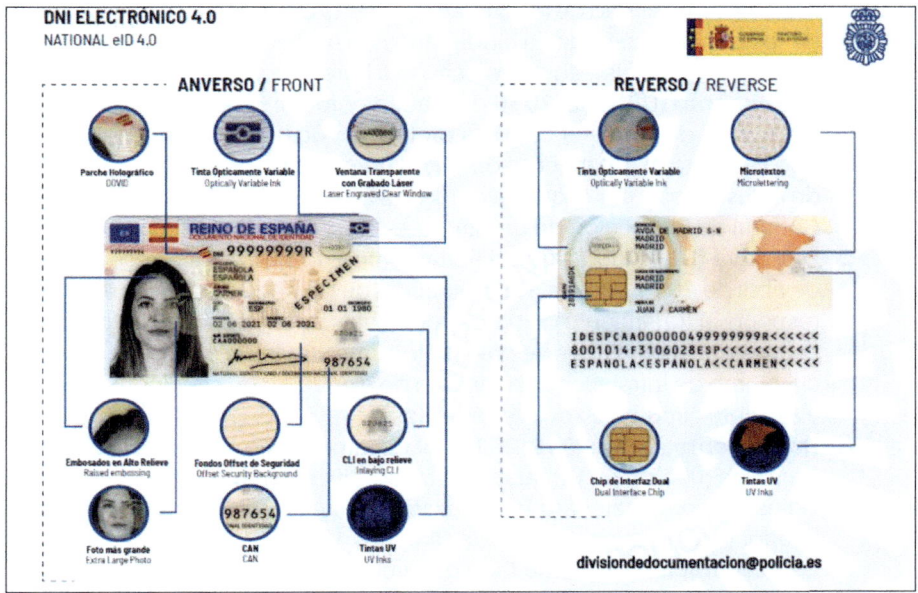

Características del DNIe 4.0. Fuente: https://www.dnielectronico.es/PortalDNIe/PRF1_Cons02.action?pag=REF_110&id_menu=1

3. Régimen jurídico aplicable

☞ **HILO CONDUCTOR**

Un día antes de la cita en la policía donde se le renovará su carnet de identidad, Cristóbal indaga en internet para ver si hay alguna novedad. Anda algo sorprendido pues, al final, los cambios que se están produciendo en Gaditanitos S. L. le han servido para entender cómo funciona el próximo DNI que al día siguiente va a obtener.

- -

El marco normativo que regula el DNIe es bien amplio. En él se confinan todos los reglamentos relacionados tanto con la expedición de la tarjeta física que da forma tangible al DNIe como con los certificados de firma y autenticación como parte intangible de este instrumento oficial identificador.

Seguidamente, tendrás la relación de estas normativas que conforman el **régimen jurídico aplicable al DNIe:**

- ⮕ **Reglamento (UE) 2019/1157** del Parlamento Europeo y del Consejo, de 20 de junio de 2019, sobre el refuerzo de la seguridad de los documentos de identidad de los ciudadanos de la Unión y de los documentos de residencia expedidos a ciudadanos de la Unión y a los miembros de sus familias que ejerzan su derecho a la libre circulación.
- ⮕ **Reglamento (UE) 679/2016** del Parlamento Europeo y del Consejo, de 27 de abril de 2016, relativo a la protección de las personas físicas en lo que respecta al tratamiento de datos personales y a la libre circulación de estos datos y por el que se deroga la Directiva 95/46/CE (Reglamento General de Protección de Datos).
- ⮕ **Directiva (UE) 680/2016** del Parlamento Europeo y del Consejo, de 27 de abril de 2016, relativa a la protección de las personas físicas en lo que respecta al tratamiento de datos personales por parte de las autoridades competentes para fines de prevención, investigación, detección o enjuiciamiento de infracciones penales o de ejecución de sanciones penales y a la libre circulación de dichos datos.
- ⮕ **Reglamento (UE) n.° 910/2014** del Parlamento Europeo y del Consejo, de 23 de julio de 2014, relativo a la identificación electrónica y los servicios de confianza para las transacciones electrónicas en el mercado interior y por la que se deroga la Directiva 1999/93/CE.
- ⮕ **Ley Orgánica 3/2018,** de 5 de diciembre, de Protección de Datos Personales y garantía de los derechos digitales.

- ⊃ **Ley Orgánica 4/2015,** de 30 de marzo, de Protección de la Seguridad Ciudadana.
- ⊃ **Ley Ley 6/2020,** de 11 de noviembre, reguladora de determinados aspectos de los servicios electrónicos de confianza.
- ⊃ **Real Decreto 1553/2005,** de 23 de diciembre, por el que se regula la expedición del documento nacional de identidad y sus certificados de firma electrónica.
- ⊃ **Real Decreto 1586/2009,** de 16 de octubre, por el que se modifica el Real Decreto 1553/2005, de 23 de diciembre, por el que se regula la expedición del documento nacional de identidad y sus certificados de firma electrónica.
- ⊃ **Real Decreto 869/2013,** de 8 de noviembre, por el que se modifica el Real Decreto 1553/2005, de 23 de diciembre, por el que se regula la expedición del documento nacional de identidad y sus certificados de firma electrónica.
- ⊃ **Real Decreto 414/2015,** de 29 de mayo, por el que se modifica el Real Decreto 1553/2005, de 23 de diciembre, por el que se regula la expedición del documento nacional de identidad y sus certificados de firma electrónica.

 **RECUERDA**

Certificado electrónico reconocido o cualificado es aquel cuyo contenido cumple con unas exigencias de la normativa de firma electrónica y es emitido (firmado) por un prestador de servicios electrónicos de certificación cualificado.

Gracias a que al DNI electrónico se le agregaron **certificados de autenticación** y de **firma,** fue posible que el DNIe se obtuviera en base al **certificado electrónico reconocido,** proporcionando a las transacciones *online* un nivel alto de seguridad con la misma validez que si se realizaran estos servicios telemáticos de manera presencial.

DNI + Certificados de autenticación y firma = DNI electrónico → DNIe basado en un certificado electrónico reconocido → DNIe = INTEGRIDAD + AUTENTICACIÓN + VALIDEZ LEGAL

IMPORTANTE

Como aspecto legal básico, cualquier español tiene derecho a tener un DNI si lo solicita. Sin embargo, es obligación que toda persona residente en España mayor de 14 años disponga de un documento nacional de identidad, también para los no residentes en España a partir de la misma edad y que vengan a España por tiempo superior a seis meses.

RECUERDA

Ley 59/2003, 19 de diciembre de firma electrónica estuvo vigente desde el 20 de marzo de 2004 hasta 12 de noviembre de 2020. La actual normativa es la Ley 6/2020, de 11 de noviembre, reguladora de determinados aspectos de los servicios electrónicos de confianza.

4. Aspectos comunes del DNI y DNIe

☞ HILO CONDUCTOR

Mientras está en el turno de espera, habla con un ciudadano que también renovará en esa mañana su documento de identidad. Este señor anda preocupado porque no entiende de nada sobre tecnología, ni siquiera de pin de seguridad ni de contraseñas. Cristóbal aprovecha para explicarle algunas diferencias, pero sobre todo lo tranquiliza, porque todo es igual en apariencia.

Aparentemente, el tamaño y el formato del DNI electrónico con respecto al tradicional documento nacional de identidad son parecidos.

Los dos tipos de documentos sirven para identificar al titular y siempre ha sido necesario hacer acto de presencia en las oficinas encargadas de su expedición para poder obtenerlo o renovarlo.

En la actualidad ya no se expiden DNI que no sean electrónicos, sin embargo, el proceso para su obtención es exactamente igual tal y como se procedía con el anterior.

Las oficinas de expedición suelen estar ubicadas dentro de las comisarías de policía.

 **NOTA**

En aquellas localidades donde no exista comisaría de policía u oficinas de expedición, se facilita la realización de trámites mediante oficinas móviles para que la ciudadanía pueda solicitarlos o renovarlos siempre con cita previa. También se posibilita al usuario dirigirse a otra localidad donde sí exista una oficina de expedición.

- -

 SABÍAS QUE...

A fecha de diciembre de 2021, son 85 millones de DNIe los expedidos en España.

- -

La principal **diferencia entre el DNI y el DNI electrónico** radica en que este último facilita la operatividad en el ecosistema digital con las mismas garantías que el tradicional en el entorno físico requiriendo exclusivamente una **contraseña o pin de seguridad.** Pero además tiene otras ventajas añadidas.

¡Presta atención a ellas!

El material con el que está elaborado es mucho más resistente, siendo el espacio que ocupa algo más reducido.

Las funcionalidades son mucho más seguras, puesto que está dotado de mejores medidas de seguridad, siendo más difícil de falsificar.

Ayuda a la sostenibilidad del planeta, pues elimina el papeleo en las gestiones más habituales.

Facilita la accesibilidad a la información 24 horas, ayudando a ahorrar tiempo, dinero y a mejorar la comunicación.

 IMPORTANTE

El pin de seguridad es una contraseña única y personal conocida exclusivamente por el titular portador del DNIe. Una vez que es comprobado por el chip (microprocesador del DNI electrónico), será posible acceder a las funcionalidades de este instrumento.

Tener un DNI electrónico implica tener dos certificados electrónicos en uno.

DNIe

CERTIFICADO DE AUTENTICACIÓN: garantiza en cualquier transacción realizada con él que el titular es quien dice ser.

CERTIFICADO DE FIRMA: posibilita transacciones electrónicas donde la firma manual es sustituida por una firma digital.

RECUERDA

Un DNIe está basado en un certificado electrónico reconocido expedido por una entidad de certificación cualificada.

- -

ACTIVIDAD COMPLEMENTARIA

4. Son muchas las ventajas que aporta el DNIe para la ciudadanía, ya que permite la realización de trámites en internet sin necesidad de hacer un desplazamiento físico.
   ¿Podrías indicar qué ventajas tiene para un negocio? Indaga lo que necesites por internet para conseguir describir algunos importantes beneficios.

- -

5. Documento nacional de identidad electrónico

 ## HILO CONDUCTOR

Cristóbal ya tiene la última versión del DNI electrónico. Rápidamente, aprovecha para descargar la *app* oficial a través de la cual podrá consultar los puntos que le restaron cuando iba a gran velocidad. Parece que ha comprendido muy bien para qué sirve la tecnología NFC.

- -

Ahora que ya vas conociendo algunas peculiaridades del DNI electrónico, vas a profundizar en este instrumento objeto de conocimiento.

¿Qué debes saber de él?

A continuación, vas a ver un resumen a través de un mapa conceptual, cuáles son los elementos clave que has de saber responder para poder comprender todo lo relativo al DNI electrónico. Seguro que muchas de las preguntas planteadas en la imagen ya las puedes responder.

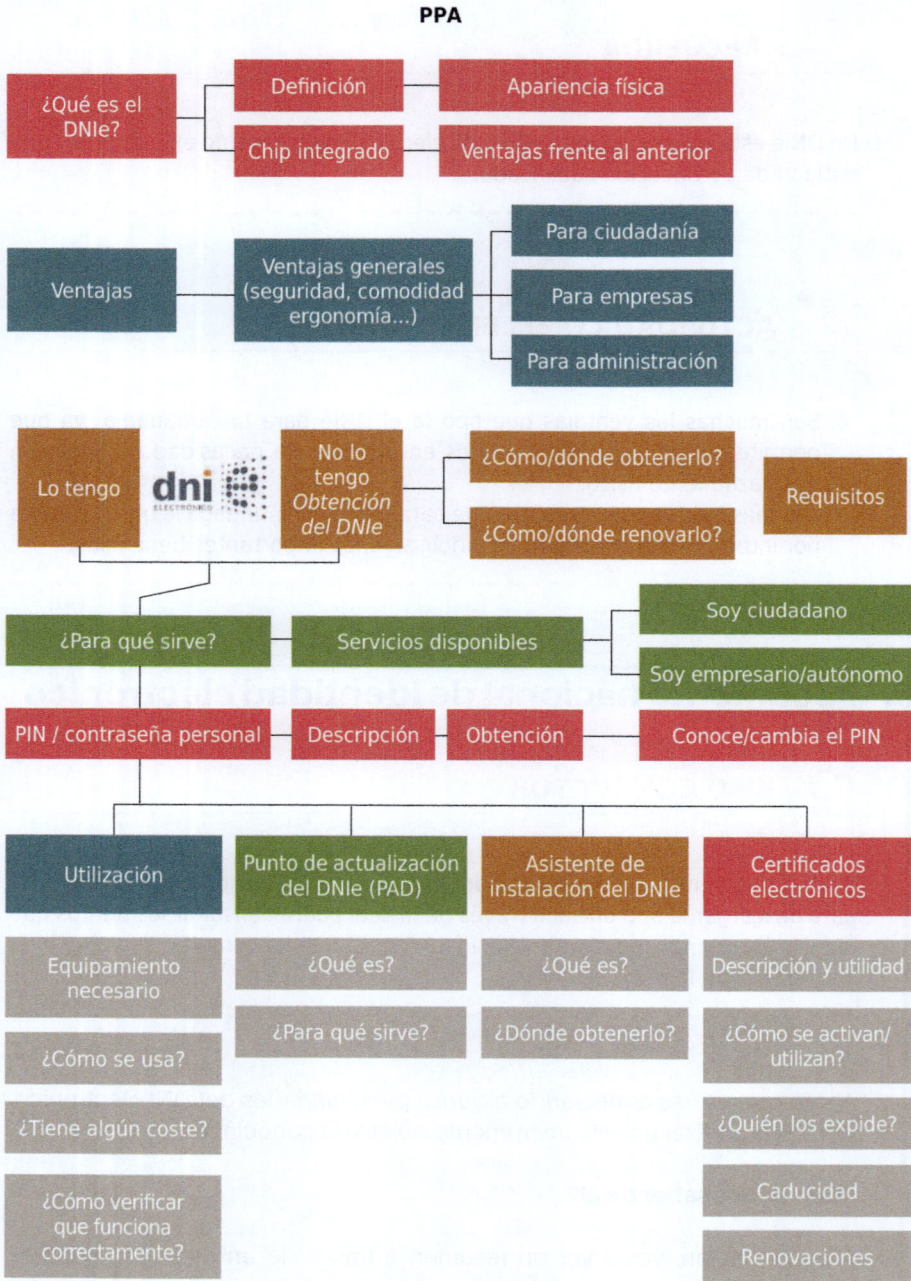

Esquema de conocimiento sobre el DNI electrónico dirigido al IMSERSO para facilitar la comprensión sobre su expedición y uso

Para comenzar, y antes de conocer algunos trámites relacionados con la obtención de la contraseña, has de saber que para disponer del DNIe no se tiene por qué esperar a la caducidad del documento nacional de identidad, basta con solicitar la renovación del mismo.

Dicho esto, en el proceso de expedición del DNIe, y de manera totalmente aleatoria, se le proporciona al titular un sobre ciego que oculta una contraseña.

La contraseña privada proporcionada tendrá que ser modificada por su titular en uno de los puntos de actualización de DNIe ubicados en las mismas instalaciones dentro de las oficinas donde se expiden los documentos.

⊕ PARA SABER MÁS

Es posible que al usuario se le haya facilitado el sobre ciego y no cambie la contraseña en ese instante; si esto es así, podrá realizarlo en cualquier momento con solo acercarse al punto de gestión telemática específico para este trámite.

También es posible que el usuario olvide o pierda la contraseña inicial; para ello, igualmente, tendrá que realizar este trámite.

Accede al siguiente enlace para conocer cómo has de proceder.

https://redirectoronline.com/adgg025po0301

SABÍAS QUE...

El punto físico específico para la gestión telemática de cambio de contraseña proporcionada en el sobre ciego al ser expedido el DNI electrónico recibe el nombre de PAD (punto de actualización del DNIe).

Una vez que ya dispones de tu DNI electrónico y el pin, el siguiente paso para utilizarlo es disponer de un *hardware* y un *software*. Con ellos será posible la lectura de los certificados que están en el chip que lleva incorporado, sin embargo, en este sentido hay que diferenciar los dos tipos de DNI electrónicos:

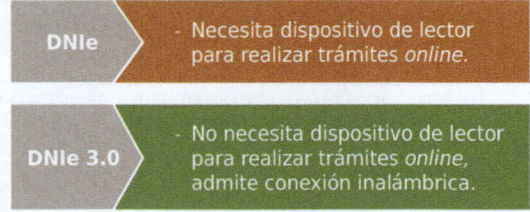

En la siguiente imagen proporcionada por la **página web del DNIe (Policía Nacional),** quedan establecidas muy bien las diferencias para el uso práctico de los dos tipos de DNI electrónicos.

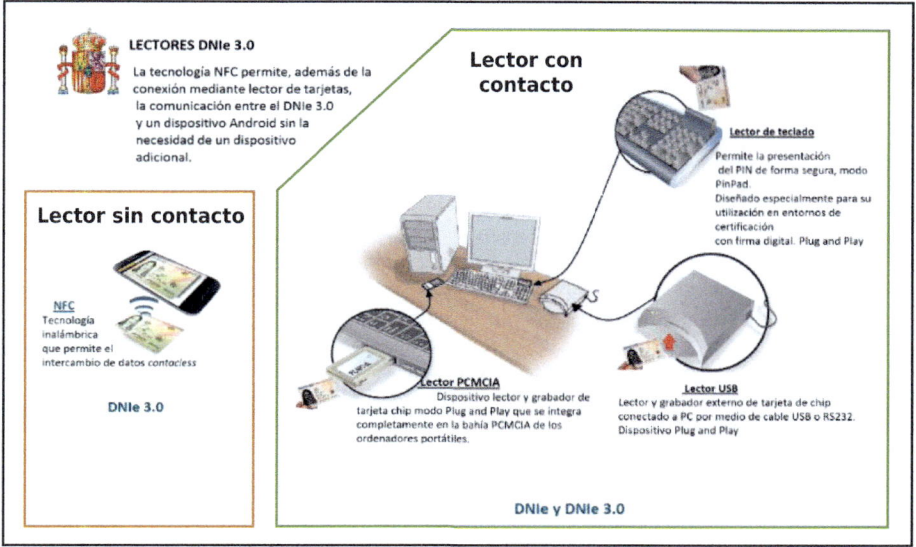

Recursos necesarios para la lectura de datos de un DNIe y un DNIe 3.0

Es importante que dispongas de la información sobre los requerimientos técnicos necesarios para la optimización del uso, tanto si dispones de un DNIe como si se trata de la última versión del mismo.

¡Presta atención a los datos proporcionados por la propia Dirección General de la Policía!

Requerimientos técnicos utilización DNIe

- **Elementos** *hardware:*
  - Requiere el siguiente equipamiento físico:
    - Un ordenador personal *(Intel —a partir de Pentium III— o tecnología similar).*
    - Un lector de tarjetas inteligentes que cumpla el estándar ISO-7816.
  - Para elegir un lector que sea compatible con el DNI 3.0, verifique que, al menos:
    - Cumpla el estándar ISO 7816 (1, 2 y 3).
    - Soporta tarjetas asíncronas basadas en protocolos T=0 (y T=1).
    - Soporta velocidades de comunicación mínimas de 9.600 bps.
    - Soporta los estándares API PC/SC *(personal computer/smart card).*

- **Elementos** *software:*
  - Sistemas operativos: El DNIe puede operar en diversos entornos *(Windows 7* y superiores *GNU/Linux, MAC, Unix).*
  - Navegadores: El DNI 3.0 es compatible con todos los navegadores, como *Microsoft Internet Explorer, Google Chrome, Mozilla Firefox.*
  - Controlador del lector:
    - Para operar con un lector de tarjetas inteligentes, será necesario instalar un *driver* que, normalmente, se distribuye con el propio lector.
    - Controladores / módulos criptográficos de la tarjeta DNI 3.0.

      Para poder interaccionar adecuadamente con las tarjetas criptográficas en general, y con el DNI 3.0 en particular, el equipo ha de tener instalados unas "piezas" de software denominadas módulos criptográficos. En un entorno *Microsoft Windows,* el equipo debe tener instalado un driver denominado *Minidriver* o *CardModule* y PKCS#11. En los entornos *UNIX / Linux* o *MAC* podemos utilizar el DNI 3.0 a través de un módulo criptográfico denominado PKCS#11.
  - **Instalación automática** *CardModule:* para aplicativos *Microsoft* como *Internet Explorer* o para *Google Chrome* basta con tener el equipo conectado a internet e insertar la tarjeta en el lector. El servicio *Windows Update* buscará automáticamente el driver de la tarjeta y lo instalará al tratarse de un dispositivo *Plug & Play.*
  - **Instalación manual** *CardModule:* si por cualquier razón no se puede realizar la instalación automática, hay disponible un instalable para realizar la instalación de modo manual.

  - **Instalación PCKS11:** para instalar el módulo criptográfico PKCS11 se deben seguir las recomendaciones contenidas en Instalación Módulos PKCS#11.

Continúa en página siguiente >>

<< Viene de página anterior

Requerimientos técnicos utilización DNIe 3.0

- **Elementos *hardware***
  - Un dispositivo con NFC que cumpla el estándar ISO 14443, tipo A o B, ya que el DNI 3.0 es compatible con ambas implementaciones del estándar ISO 14443. Este puede ser un Smartphone, una tableta o un lector NFC. Para elegir un dispositivo compatible con el DNI 3.0, verifique que cumple "ISO 14443 - Partes 1/2/3/4. Protocolo de transmisión T=CL".
- **Elementos *software***
  - APP que utilice el DNI 3.0 para identificar al usuario y acceder a un servicio específico o para firmar electrónicamente un documento con igualdad jurídica que la firma manuscrita. Para su instalación, proceda a descargar la APP desde un repositorio oficial *(Google Play/Apple Store....)*.
  - Para elegir un lector que sean compatible con el DNI 3.0, verifique que, al menos:
    - Cumpla el estándar ISO 7816 (1, 2 y 3).
    - Soporta tarjetas asíncronas basadas en protocolos T=0 (y T=1).
    - Soporta velocidades de comunicación mínimas de 9.600 bps.
    - Soporta los estándares:
      - API PC/SC (Personal Computer/Smart Card)
      - CSP (Cryptographic Service Provider, Microsoft)
      - API PKCS#11

 ## PARA SABER MÁS

Puedes acceder al área de descargas en la página web del Cuerpo Nacional de Policía para acceder a la instalación de aplicativos.

https://redirectoronline.com/adgg025po0302

 ## APLICACIÓN PRÁCTICA

Andrés, de 85 años, se enfrenta al reto de tener que hacer por primera vez un trámite *online* para no perder la oportunidad y reservar un viaje subvencionado a las Islas Canarias. Para ello, se ofrece su nieto Gustavo que, aunque es muy joven, es un gran amante de la informática.

El abuelo de Gustavo cuenta con un DNI electrónico expedido en el año 2005, ¿podrá Gustavo descargar la *app* oficial para que desde el *smartphone* pueda Andrés autenticarse y operar con su DNIe?

¿Cuál de las siguientes opciones es correcta?

Sí, porque dispone de un DNI electrónico.

No, porque los documentos nacionales de identidad expedidos en el año 2005 no son considerados DNI electrónicos.

Sí, porque dispone de un DNI electrónico con tecnología NFC.

No, porque el DNIe de que dispone no tiene incorporada la tecnología NFC.

Solución

No es posible con el DNIe de Andrés realizar esa transacción tal y como la expone su nieto Gustavo, porque el DNIe de Andrés no tiene incorporada la tecnología NFC (solo encontrada en documentos expedidos a partir de diciembre de 2015).

El DNI de Andrés es electrónico, pero una edición anterior a la última versión nacida en el año 2006 que es la que lleva integrada la interfaz para usar el NFC en los *smartphones*. El uso de la aplicación requiere esta tecnología para usar el DNIe tal y como se muestra en esta guía.

https://redirectoronline.com/adgg025po0303

 **VÍDEO**

Observa cómo de fácil es consultar los puntos del carnet de conducir con el DNIe 3.0.

https://redirectoronline.com/adgg025po0304

6. Resumen

El documento nacional de identidad, como documento acreditativo de identidad, ha tenido un proceso de transformación a lo largo de la historia de España comenzando por las cartas de seguridad y finalizando con un documento telemático.

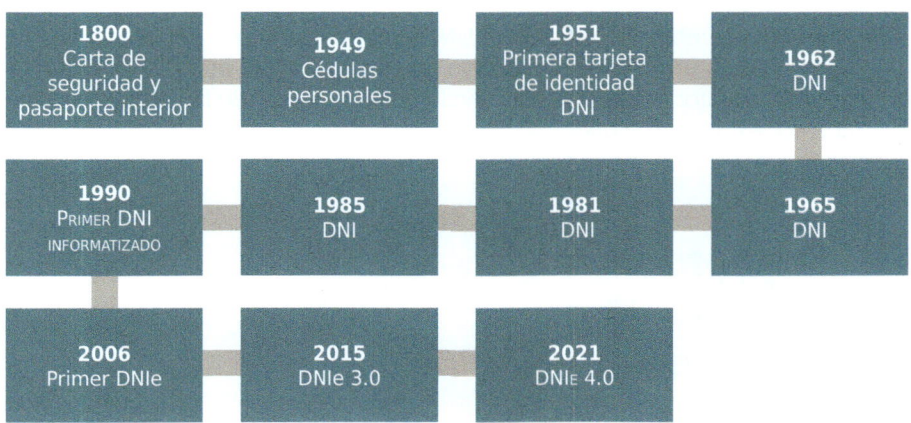

El DNI electrónico tiene agregado en su microchip dos tipos de certificados electrónicos, proporcionando un buen nivel de seguridad y con igual validez que un DNI tradicional.

Por este motivo, la **base jurídica** sobre la que se sustenta el DNI electrónico es la misma que la de la firma electrónica.

Ley 6/2020, de 11 de noviembre, reguladora de determinados aspectos de los servicios electrónicos de confianza

Son muchas las ventajas de uso de un DNI electrónico tanto para la ciudadanía como para los negocios y empresas. Permite el ahorro de tiempo y dinero, también da accesibilidad a la información y a la comunicación sin horarios ni turnos de espera.

Hay que diferenciar dos tipos de DNI electrónico, ambos tienen pin y contraseña, pero en uno la transmisión de datos es mediante dispositivos de contacto (lector de tarjetas) y la versión última utilizando la tecnología NFC con conexión inalámbrica.

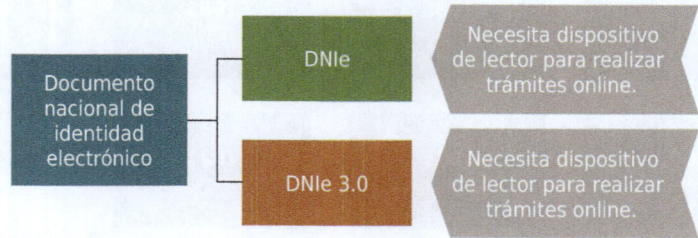

Ejercicios de autoevaluación
Unidad de Aprendizaje 3

1. Indica si las siguientes afirmaciones son verdaderas o falsas.

   a. El DNI electrónico es un instrumento innovador que sirve de respuesta para acreditar oficialmente la identidad del que cursa en infinidad de transacciones en el entorno online.

   - Verdadero
   - Falso

   b. Los primeros documentos acreditativos de identificación recibieron los nombres de cartas de seguridad y pasaportes interiores.

   - Verdadero
   - Falso

   c. El primer documento acreditativo de identificación con fotografía recibió el nombre de cédula personal.

   - Verdadero
   - Falso

2. ¿En qué año vio la luz el primer formato de documento nacional de identidad?

   a. 1800.
   b. 1949.
   c. 1950.
   d. 1951.

3. ¿De quién fue el boceto ganador del primer documento nacional de identidad de la historia de España?

   a. Aquilino Rieusset.
   b. Aquilino García.
   c. Aquilino López.
   d. Aquilino Pérez.

4. ¿En qué año nació el primer DNIe?

    a. En 1990.
    b. En 1996.
    c. En 2006.
    d. En 2016.

5. ¿En qué año fue expedido el primer DNIe 3.0?

    a. En 2015.
    b. En 2013.
    c. En 2012.
    d. En 2010.

6. ¿Qué característica tecnológica tiene el DNIe 3.0 como última versión de documento nacional de identidad electrónico?

    a. Un microprocesador.
    b. Un microprocesador con dos chips duales.
    c. Un microprocesador con un chip dual.
    d. Todas las opciones son incorrectas.

7. ¿Qué significa tecnológicamente que un DNIe tenga incorporado un chip dual?

    a. Que lleva incorporado un certificado de autenticación.
    b. Que lleva incorporado un certificado de firma.
    c. Que lleva incorporado una tecnología NFC.
    d. Que lleva incorporado un microprocesador.

8. ¿Para qué sirve que un DNIe tenga una tecnología NFC?

    a. Permite la trasmisión de datos necesitando un dispositivo lector de tarjetas.
    b. Permite la trasmisión de datos sin necesidad de utilizar un dispositivo lector de tarjetas.
    c. Permite la identificación del titular a distancia mediante una conexión inalámbrica.
    d. Todas las opciones son incorrectas.

9. **¿Por qué la base jurídica del DNIe es la misma que la normativa que regula la firma electrónica?**

    a. Porque el DNIe tiene integrado un certificado de autenticación.
    b. Porque el DNIe tiene integrado un certificado de firma.
    c. Porque el DNIe está basado en un certificado electrónico reconocido.
    d. Todas las opciones son correctas.

10. **¿A partir de qué edad un español tiene derecho a tener un DNI electrónico?**

    a. A cualquier edad.
    b. A partir de los 14 años.
    c. A partir de los 16 años.
    d. A partir de los 18 años.

Relaciones telemáticas con la Administración

Contenido

Objetivos

El objetivo general de esta Unidad de Aprendizaje es:

→ Exponer los criterios comunes tomados por los distintos órganos de la Administración pública que dan lugar a una política de firma electrónica regulando el marco de las relaciones con la ciudadanía en el entorno *online*.

Los objetivos específicos de esta Unidad de Aprendizaje son:

→ Conocer los instrumentos de comunicación electrónica con las Administraciones públicas.

→ Identificar las normas técnicas de interoperabilidad de las Administraciones.

→ Descubrir la firma electrónica como elemento clave de las relaciones telemáticas con las Administraciones.

1. Introducción

No es posible obviar la intensa relación burocrática que la sociedad mantiene con sus Administraciones públicas.

Para llegar al objetivo de facilitar comunicaciones *online* seguras entre la ciudadanía con los diferentes organismos públicos y entre las distintas Administraciones, se ha consolidado un ecosistema digital complejo que cuenta con las condiciones técnicas y estructurales necesarias para asegurar esta operabilidad.

En este contexto intervienen en escena, además de la ciudadanía, las entidades públicas y sus propias políticas de firma electrónica. Sin embargo, todas estas Administraciones de manera preferente actúan bajo la misma política marco de firma electrónica basada en certificados como un conjunto de reglas comunes.

En esta unidad de aprendizaje conocerás como son las relaciones telemáticas entre las personas y la Administración, además de ver cómo se instrumentalizan estas comunicaciones.

Para el desarrollo del contenido, nos seguiremos basando en el caso de Cristóbal y sus experiencias *online* con el ayuntamiento de su localidad.

2. Relaciones telemáticas entre la Administración pública y los ciudadanos

 HILO CONDUCTOR

Además de regentar un negocio de buñuelos salados y tener alrededor un equipo de profesionales que diariamente ayudan a que este negocio siga adelante, Cristóbal es una persona con alta capacidad de aprendizaje y no escatima tiempo para aprender a manejarse por internet con su nuevo DNI electrónico. Al comenzar a indagar sobre su uso y utilización, lo primero que vio fue la cantidad de transacciones telemáticas que puede realizar con la Administración desde su propio ordenador.

En la actualidad, las Administraciones públicas cuentan con una estructura robusta de funcionamiento electrónico. Esto hace posible que tanto la ciudadanía como empresas y organizaciones hayan podido liberar una gran carga administrativa a la hora de realizar operaciones con los distintos organismos públicos que prestan infinidad de servicios.

Gracias a la tecnología ha sido posible la modernización de la gestión de las Administraciones públicas de una forma eficiente y eficaz prestando servicios telemáticos ágiles, rápidos y de calidad.

Bien es sabido que de no haberse podido llegar a esta **infraestructura tecnológica,** el crecimiento y desarrollo del país se hubiera visto mermado, no habiéndose podido avanzar en la mejora del **bienestar poblacional.**

 **IMPORTANTE**

Las Administraciones comenzaron a ser conscientes, como entidades públicas que prestan servicios a la ciudadanía, de las necesidades de comunicación y diálogo abierto, directo, transparente y sencillo, mucho más orientado a las personas. La integración de la tecnología ha fortalecido las relaciones y eliminado gran parte de trámites burocráticos que solo distanciaban a las partes implicadas.

La transformación digital ejerce su influencia no solo en las empresas, también en las Administraciones y en las personas, produciendo cambios muy importantes.

En este sentido, y más allá de la funcionalidad propia de la firma electrónica, esta está sirviendo como instrumento tecnológico y transformador para mejorar la confianza de las personas hacia las entidades públicas, haciendo que las relaciones sean mucho más positivas.

Jurídicamente hablando, la **transformación digital de la Administración pública** vino de la mano de la derogada **Ley 11/2007, de 22 de junio,** de acceso electrónico de los ciudadanos a los Servicios Públicos cuando recogía que:

1. *La presente ley reconoce el derecho de los ciudadanos a relacionarse con las Administraciones públicas por medios electrónicos y regula los aspectos básicos de la utilización de las tecnologías de la información en la actividad administrativa, en las relaciones entre las Administraciones públicas, así como en las relaciones de los ciudadanos con las mismas con la finalidad de garantizar sus derechos, un tratamiento común ante ellas y la validez y eficacia de la actividad administrativa en condiciones de seguridad jurídica.*
2. *Las Administraciones públicas utilizarán las tecnologías de la información de acuerdo con lo dispuesto en la presente ley, asegurando la disponibilidad, el acceso, la integridad, la autenticidad, la confidencialidad y la conservación de los datos, informaciones y servicios que gestionen en el ejercicio de sus competencias.*

(Art. 1)

El cambio de paradigma de la Administración da lugar a una nueva **Administración electrónica** orientada a la ciudadanía.

Los **objetivos** generales de esta **eAdministración** son dos:

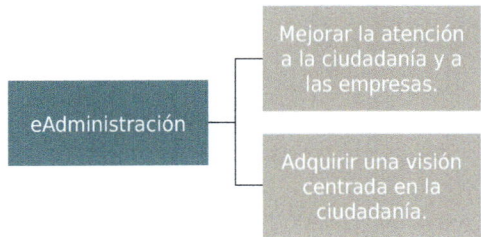

La Administración pública engloba a diferentes órganos administrativos del Estado. Dentro de la estructura organizacional, es posible encontrar Administraciones municipales, provinciales y autonómicas. La ordenación jerárquica de los diferentes organismos que conforman las instituciones públicas da un sentido práctico a las **sedes electrónicas** que prestan a los ciudadanos y a las empresas diferentes servicios telemáticos.

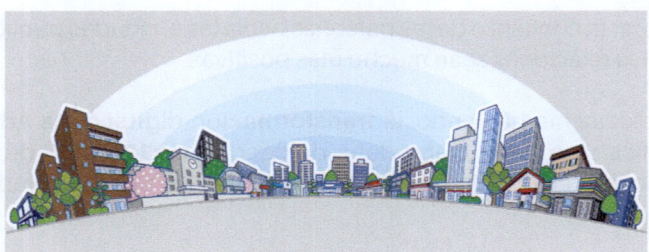

Cada organismo público, independientemente de su nivel jerárquico, cuenta con una sede electrónica que da acceso a los servicios telemáticos a través de las cartas de servicios.

 ## DEFINICIÓN

Sedes electrónicas

Son los sitios webs de las Administraciones que sirven de vía de acceso a la ciudadanía, empresas u organismos para utilizar aquellos servicios prestados por el organismo titular del sitio web. En estas sedes electrónicas el usuario directamente puede realizar consultas *online* y trámites telemáticos sin necesidad de desplazamientos ni horarios.

Las cartas de servicios sirven para informar a los usuarios de las sedes electrónicas a qué servicios pueden acceder por vía telemática, qué derechos les asisten y cuáles son los compromisos adquiridos por los diferentes órganos, organismos y entidades de la Administración general del Estado (AGE).

 ## ACTIVIDAD COMPLEMENTARIA

5. Pablo tiene que hacer diferentes gestiones *online* en diversas consejerías a través del portal electrónico de su comunidad autónoma que es Andalucía. Antes de iniciar cualquier trámite desea conocer cuáles son los servicios telemáticos ofertados por esta comunidad. ¿Puedes ayudar a Pablo indicándole la URL que le proporcione esta información tan general? Indaga en internet y selecciona la URL donde se ofrezca la carta de servicios de tu comunidad autónoma.

Existe una norma común a todos los servicios telemáticos ofrecidos por las diferentes entidades públicas. Todas las prestaciones están sujetas a una legislación básica, también a unas reglas generales que dotan a los servicios electrónicos de un componente de interoperabilidad (entre Administraciones).

 PARA SABER MÁS

Puedes consultar las normas técnicas de interoperabilidad entre las diferentes Administraciones públicas accediendo a través del siguiente enlace.

https://redirectoronline.com/adgg025po0401

3. Expediente electrónico

 HILO CONDUCTOR

Cristóbal sigue sorprendido al comprobar el contenido de las cartas de servicios de los diferentes organismos públicos. Lo primero que pensó fue la cantidad de tiempo que perdió teniendo que hacer acto de presencia en cada gestión. Ahora tiene curiosidad por conocer cómo es y en qué consiste un expediente electrónico.

A la hora de realizar un trámite burocrático *online* con la Administración, el archivo generado recibe el nombre de **expediente electrónico.**

Es fácil confundir los conceptos **documento electrónico** y **expediente electrónico,** pero existen características que los diferencian.

Presta atención a ellas.

Documento electrónico	Expediente electrónico

- Puede ser cualquier tipo de información transmitida electrónicamente dentro de un archivo o soporte que permita su identificación para un tratamiento específico.	- Engloba el conjunto de documentos electrónicos que conforman un procedimiento electrónico con la Administración.

 DEFINICIÓN

Expediente electrónico
Archivo electrónico generado automáticamente al hacer uso el usuario de un servicio telemático desde una sede electrónica. Contiene una información desglosada en documentos electrónicos que se pone a disposición del sistema de gestión documental del organismo al que se remite para el inicio de un procedimiento administrativo.

- -

3.1. La comunicación entre eAdministraciones

La **interoperabilidad** entre las distintas Administraciones permite el **intercambio de expedientes** siempre que el procedimiento administrativo lo requiriera. Esto hace posible que los trámites *online* con las entidades públicas sean más eficaces y efectivos. Esta virtud con la que cuentan los expedientes electrónicos está ajustada por dos **normas técnicas de interoperabilidad.**

Normas

A continuación, detallamos las reglas que regulan el procedimiento administrativo de un expediente electrónico:

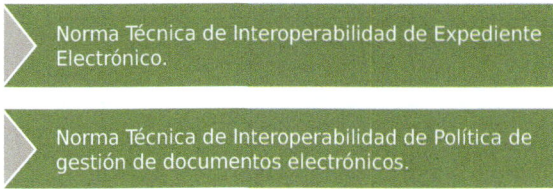

Norma Técnica de Interoperabilidad de Expediente Electrónico.

Norma Técnica de Interoperabilidad de Política de gestión de documentos electrónicos.

Norma Técnica de Interoperabilidad de Expediente Electrónico

La primera de las reglas informa de cómo ha de ser la **estructura** y el **formato** de un expediente electrónico de forma que facilite la gestión entre Administraciones.

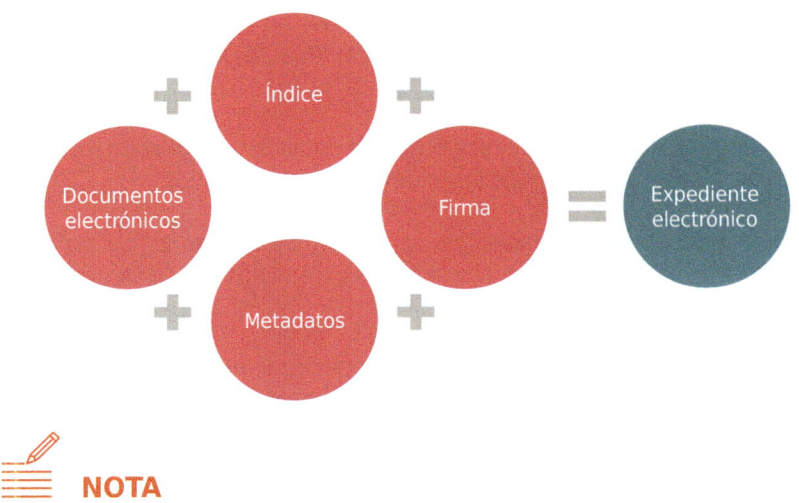

✎ NOTA

Algo más avanzada la unidad conocerás qué es un metadato.

- -

◇ EJEMPLO

En la imagen se recoge la estructura electrónica de un expediente. En ella se pueden observar los diferentes componentes. Como se puede observar, un expediente puede contener varios documentos, pero también un expediente electrónico puede estar compuesto de varios subexpedientes, de ahí la importancia del índice electrónico.

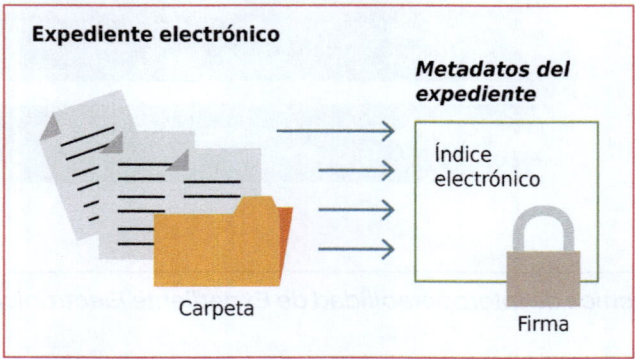

Ejemplo de elementos de expediente electrónico

Norma Técnica de Interoperabilidad de Política de gestión de documentos electrónicos

La segunda de las reglas informa de los detalles de la gestión y el almacenamiento o conservación de los expedientes electrónicos.

El objetivo de esta norma es marcar las pautas para definir las políticas en el seno de las distintas administraciones para mejorar la gestión de los documentos electrónicos:

◆ Actúa como un instrumento de soporte, ofreciendo ilustraciones para aplicar la implantación de las reglas establecidas en la Norma Técnica de Interoperabilidad.

El **proceso de gestión documental** en una política de gestión debe implicar estas acciones:

👁 EJEMPLO

Un ejemplo de política de gestión de documentos electrónicos es la que ha adoptado y aprobado la Junta de Andalucía. Puedes consultar esta política de gestión de documentos al acceder al siguiente enlace.

https://redirectoronline.com/adgg025po0402

La Carpeta Ciudadana

En definitiva, lo importante de todas estas normas es que tienen la finalidad de regular la creación de documentos y la formación de expedientes electrónicos, el acceso, la gestión, el copiado, la conservación y la supervisión de los mismos sin que estos pierdan ni un ápice de sus características a efectos de trazabilidad:

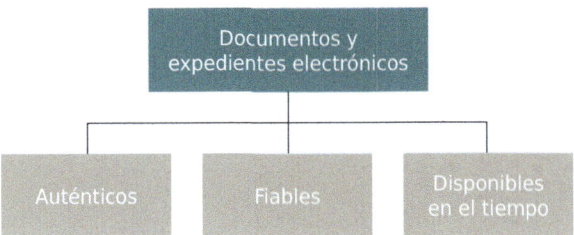

Los servicios telemáticos son una respuesta eficaz para agilizar las gestiones de la ciudadanía con la Administración pública. Gracias a la interoperabilidad, es posible que las personas puedan acceder de manera centralizada a sus expedientes, independientemente de que el expediente electrónico esté dirigido a una Administración u otra. Este servicio recibe el nombre de **Carpeta Ciudadana.**

Con el recurso que viene a continuación, podrás ver cómo desde la carpeta general de un usuario de la app este puede acceder a sus expedientes iniciados con organismos de su comunidad autónoma.

 VÍDEO

Mi carpeta Ciudadana tiene una app versión iOS y Android a través de la cual el usuario puede acceder a toda su información personal relacionada con la Administración. Accede al siguiente vídeo para visualizar un resumen de sus características:

https://redirectoronline.com/adgg025po0403

Aun sabiendo que toda persona sigue teniendo derecho a presentar sus trámites documentados en papel, a excepción de aquellos colectivos recogidos en el **artículo 14 de la Ley 39/2015, de 1 de octubre, del Procedimiento Administrativo Común de las Administraciones Públicas,** sin duda, los procesos telemáticos acercan a las personas a aquellas entidades públicas que deben estar y están al servicio de la ciudadanía.

NOTA

Por normativa, estos sujetos son los que están obligados a relacionarse con las Administraciones de manera telemática tal y como indica el art. 14 de la Ley 39/2015:

- Toda persona jurídica.
- Toda entidad sin personalidad jurídica.
- Todo sujeto que ejerza actividad profesional para la que se requiera colegiación obligatoria, para los trámites y actuaciones que realicen con las Administraciones públicas en ejercicio de dicha actividad profesional. Incluidos en este grupo notarios y registradores de la propiedad y mercantiles.
- Todo sujeto que represente a un interesado que esté obligado a relacionarse electrónicamente con la Administración.
- Todo empleado de las Administraciones públicas para la gestión de trámites y actuaciones que realicen con ellas en condición de empleado público.

3.2. El expediente electrónico en relación al procedimiento administrativo

Cualquier trámite con cualquier órgano de la Administración pública va precedido de un conjunto de actuaciones ordenadas. Estas acciones reciben el nombre de **procedimiento administrativo.**

Cuando el trámite o solicitud es telemática, la diferencia estriba en que los documentos aportados están previamente digitalizados para que el tratamiento sea telemático.

Es muy importante conocer qué elementos debe cumplir la documentación telemática de un proceso administrativo para que tenga la validez exigida por la normativa.

A continuación, conocerás qué caracteriza a un documento telemático para que pueda formar parte de un expediente electrónico:

> La información debe estar contenida en un archivo informático.

Continúa en página siguiente >>

<< *Viene de página anterior*

El archivo informático debe ser fácilmente identificable para poder ser atribuido a un sujeto o individuo con el fin de poderle proporcionar un servicio personalizado.

Los documentos electrónicos deben contar con una referencia de tiempo con idea de poder identificar la fecha y la hora en la que fueron emitidos.

La documentación electrónica debe contar con los metadatos exigibles.

Todos y cada uno de los documentos electrónicos aportados y que conforman el expediente electrónico deberán ser firmados electrónicamente.

IMPORTANTE

Para que definitivamente un documento electrónico tenga validez de cara a la Administración, incluidas las exigencias especificadas previamente, tendrá que ser enviado a la entidad correspondiente por medio de servicios electrónicos.

PARA SABER MÁS

La Norma Técnica de Interoperabilidad de Política de gestión de documentos electrónicos, en su apartado VII, define el metadato como el dato que define y describe otros datos. Sirve de herramienta para contextualizar los datos y que estos sean automatizables, identificando y autenticando los documentos electrónicos.

Continúa en página siguiente >>

<< Viene de página anterior

Puedes disponer de información más ampliada haciendo clic al siguiente enlace:

https://redirectoronline.com/adgg025po0404

 APLICACIÓN PRÁCTICA

Es la primera vez que Lucía va a realizar un trámite administrativo desde internet. El procedimiento en cuestión requiere la aportación de varios documentos, entre los que están: la solicitud, el DNI y la última declaración de la Renta. Lucía procede con su certificado electrónico a firmar cada uno de los documentos digitalizados, requisito imprescindible según tiene ella entendido. Posteriormente, archiva todos los documentos en una carpeta electrónica para su envío a la Administración vía correo electrónico.

¿Consideras que el procedimiento es acertado? Elige entre las siguientes opciones:

a. **Sí, ya que ha creado un expediente y todos los documentos son electrónicos.**
b. **Sí, porque el envío de la carpeta es telemático.**
c. **No, porque aunque los documentos son electrónicos, no se ha creado un expediente con los requerimientos necesarios (metadatos exigibles).**
d. **No, porque no se puede enviar el expediente electrónico generado por correo electrónico.**

Solución

La respuesta correcta es la c).

Continúa en página siguiente >>

<< Viene de página anterior

Lucía ha creado una carpeta con documentos electrónicos pero este archivo informático en su conjunto no contiene los metadatos exigibles de trazabilidad para ser considerado expediente electrónico. Debido a ello, no se pueden contextualizar los datos para que estos sean automatizables, identificados y autenticados.

Por otra parte, los expedientes también deberán cumplir con una serie de **requisitos** exigidos por la Ley 39/2015, de 1 de octubre, del Procedimiento Administrativo Común de las Administraciones Públicas para que puedan ser considerados expedientes electrónicos.

¡Toma nota de ello!

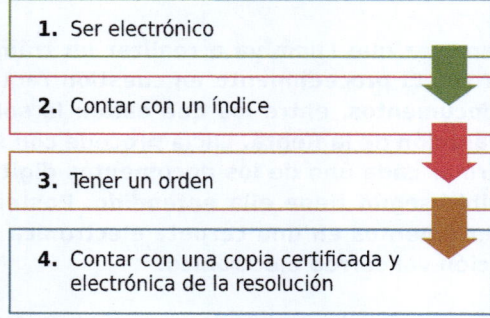

1. Ser electrónico
2. Contar con un índice
3. Tener un orden
4. Contar con una copia certificada y electrónica de la resolución

 **IMPORTANTE**

No debe formar parte de un expediente electrónico aquella documentación aportada que no esté relacionada directamente con el expediente. Este es el caso de datos complementarios que sirvan de información de apoyo (base de datos, tablas, comunicación o mensajes) a no ser que se trataran de informes solicitados por la Administración.

---

4. Notificaciones electrónicas

☞ HILO CONDUCTOR

Finalmente, y tras conocer cómo es un procedimiento electrónico administrativo, Cristóbal se animó a iniciar telemáticamente su primera solicitud *online:* una subvención por contratar a más personal, y ahora está a la espera de recibir la resolución del trámite a través de la notificación correspondiente.

Tanto si se tratara de un procedimiento administrativo documentando en papel como si ha consistido en un trámite telemático, todos los expedientes en manos de la Administración tienen su correspondiente notificación que sirve para informar al titular de la resolución del mismo.

Las **notificaciones electrónicas** son las respuestas expresas por parte del organismo en cuestión al que fue dirigido el trámite telemático iniciado por el sujeto. Estas notificaciones son recibidas por el interesado de diferentes maneras.

La notificación es informada al correo electrónico del interesado.

La notificación es informada en la sede electrónica de la entidad.

La notificación es informada mediante un mensaje en el móvil.

Aunque la ciudadanía puede dirigirse directamente a la sede electrónica del órgano administrativo donde haya realizado el trámite electrónico para conocer la resolución una vez recibida la notificación correspondiente, la Administración General del Estado ofrece un **portal de notificaciones electrónicas** de ámbito general desde el cual las personas pueden acceder a su propio buzón telemático. Se está haciendo referencia a la **Dirección Electrónica Habilitada Única (DEHú).**

DEHú
Es un servicio de buzón electrónico integral y gratuito a disposición de las personas y las empresas que tiene una dirección electrónica habilitada y en el que se reciben todo tipo de comunicaciones. Estas comunicaciones reciben el nombre de notificaciones electrónicas de las administraciones.

Cualquier persona o empresa puede hacer uso de su **Dirección Electrónica Habilitada Única (DEHú),** ya que esta sustituye las notificaciones físicas recibidas por correo postal pasando a ser electrónicas.

 IMPORTANTE

Gracias a que el acceso a la DEH (buzón electrónico) se realiza mediante certificado digital o DNIe, al acceder a la notificación, el acuse de recibo se realiza por medio de la firma electrónica del interesado. Esto convierte a las notificaciones en seguras, confidenciales y privadas.

- -

 PARA SABER MÁS

Si quieres saber cómo habilitar tu buzón electrónico de notificaciones, solo tienes que acceder al siguiente enlace. Desde ahí también podrás descargar la *app* para recibir notificaciones en tu móvil.

https://redirectoronline.com/adgg025po0405

- -

 **TAREA 5**

Transcurrido un tiempo de la presentación de un trámite electrónico con la Administración y no habiendo recibido ninguna notificación, Beltrán ha decidido acceder a la Carpeta Ciudadana para comprobar que aún no existe resolución o respuesta de la Administración. Sin embargo, Beltrán no tiene cómo acceder a este servicio.

¿Podrías indicarle qué paso debe realizar para poder acceder a su buzón electrónico de la Carpeta Ciudadana?

5. Resumen

La **transformación digital** compete tanto a la ciudadanía, empresas, instituciones como a las Administraciones públicas.

La **firma electrónica** es un elemento clave en esta transformación tecnológica. Ayuda a mejorar el bienestar poblacional facilitando unas comunicaciones ágiles, seguras y directas con las Administraciones y eliminando gran parte de la burocracia.

La Administración Electrónica (eAdministración) consigue mejorar la atención a la ciudadanía y a las empresas; dar una visión centrada en la ciudadanía; reducir los trámites; y una comunicación directa y segura.

Las comunicaciones con la **eAdministración** se realizan a través de las **sedes electrónicas.** Cada organismo público, independientemente de su nivel jerárquico, cuenta con una sede electrónica que da acceso a los **servicios telemáticos** a través de las **cartas de servicios.**

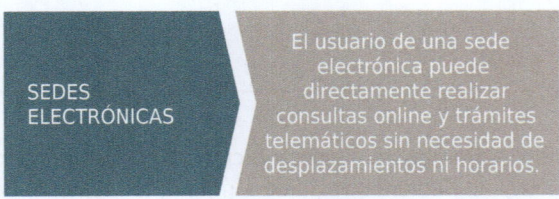

Los trámites electrónicos están sometidos a unas **normas técnicas de interoperabilidad** que hacen posible que se unifiquen criterios para considerar qué es un servicio telemático, además de regular la comunicación entre Administraciones con distintos órdenes jerárquicos.

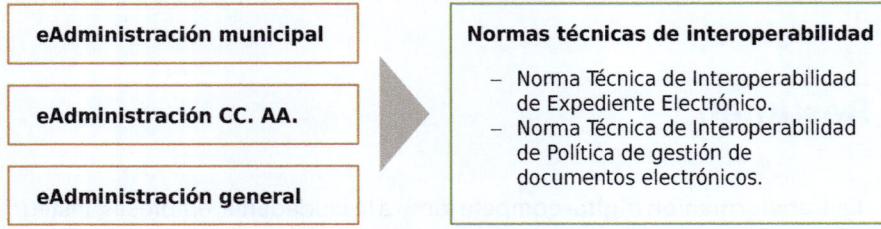

El **expediente electrónico** es el instrumento de comunicación en todo **procedimiento administrativo telemático,** está compuesto por la suma de todos los documentos electrónicos aportados y firmados. La respuesta administrativa de un procedimiento cuyo expediente es electrónico recibe el nombre de **notificación electrónica.**

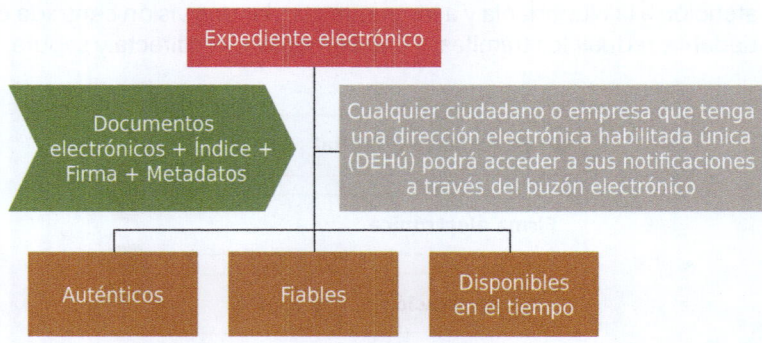

Ejercicios de autoevaluación
Unidad de Aprendizaje 4

1. **Indica si las siguientes afirmaciones son verdaderas o falsas.**

   a. Las Administraciones públicas cuentan con una estructura robusta de funcionamiento electrónico.

   - Verdadero
   - Falso

   b. A día de hoy siguen siendo reducidos los servicios electrónicos que ofrecen los distintos organismos y entidades públicas.

   - Verdadero
   - Falso

   c. Gracias a la tecnología ha sido posible la modernización de la gestión de las Administraciones públicas de una forma eficiente y eficaz prestando servicios telemáticos ágiles, rápidos y de calidad.

   - Verdadero
   - Falso

2. **¿En qué año quedó regulado el acceso electrónico de los ciudadanos a los servicios públicos?**

   a. En 1999.
   b. En 2000.
   c. En 2007.
   d. En 2017.

3. **La fórmula de relación electrónica de la ciudadanía con las Administraciones públicas establecida en la derogada Ley 11/2007 es concebida como...**

   a. ...un derecho de la ciudadanía.
   b. ...una obligación de la ciudadanía.
   c. ...una propuesta para la ciudadanía.
   d. Todas las opciones son incorrectas.

4. El cambio de paradigma de la Administración da lugar a una Administración electrónica. ¿Qué nombre recibe esta nueva Administración?

    a. Administración digital.
    b. Administración tecnológica.
    c. eAdministración.
    d. Administración telemática.

5. ¿Cuál es el principal objetivo de la eAdministración?

    a. Mejorar la atención a la ciudadanía.
    b. Mejorar la atención a las empresas.
    c. Adquirir una visión centrada en la ciudadanía.
    d. Todas las opciones son correctas.

6. ¿Qué son las sedes electrónicas?

    a. Sitios webs de las Administraciones.
    b. Servicios electrónicos.
    c. Procedimientos administrativos.
    d. Expedientes electrónicos.

7. ¿Qué es un expediente electrónico?

    a. Una carpeta ciudadana.
    b. Un documento electrónico enviado a la administración.
    c. Un conjunto de documentos electrónicos que conforman un procedimiento electrónico con la Administración.
    d. Cualquier documento enviado telemáticamente a la Administración.

8. ¿Qué requerimiento es obligatorio para que un documento telemático pueda formar parte de un expediente electrónico?

    a. La información debe estar contenida en un archivo informático.
    b. La documentación electrónica debe contar con los metadatos exigibles.

    c. Los documentos electrónicos aportados y que conforman el expediente electrónico deberán ser firmados electrónicamente.

    d. Todas las opciones son correctas.

9. ¿Qué nombre reciben aquellas respuestas telemáticas por parte del organismo en cuestión al que fue dirigido un trámite electrónico iniciado por un usuario?

    a. Servicio telemático.

    b. Expediente electrónico.

    c. Notificación electrónica.

    d. Carpeta telemática.

10. ¿Mediante qué sistemas de comunicación han de ser informadas las notificaciones electrónicas a su titular?

    a. Por correo electrónico.

    b. A través de las sedes electrónicas.

    c. Mediante notificación en el móvil.

    d. Todas las opciones son correctas.

Glosario

Autoridad de certificación
Entidad de confianza o tercera parte confiable además del emisor y receptor que consigue que estos sujetos se confíen entre sí.

Caducidad del certificado electrónico
Finalización del periodo de validez del certificado.

CERES
Es un organismo público dependiente de la FNMT que emite certificados reconocidos por gran parte de la Administración pública y brinda los servicios de certificación a empresas públicas y privadas atendiendo a los principios de la seguridad informática y de la información.

Certificado de entidad sin personalidad jurídica
Este tipo de certificado relaciona al firmante con unos datos de verificación de firma permitiendo su identidad y puede ser usado en transferencias telemáticas de datos para el ámbito tributario.

Certificado de persona física
Identifica a una persona física. Dirigido a la ciudadanía y orientado a facilitar trámites personales, aunque también pueden ser trámites profesionales.

Certificado de persona jurídica
Identifica a una persona jurídica. Dirigido para todo tipo de organizaciones y administraciones. Facilita la identidad jurídica para la realización de infinidad de trámites telemáticos.

Certificado electrónico reconocido
Es un archivo informático creado y firmado electrónicamente por una entidad certificadora o prestador de servicios de certificación.

Certificado electrónico
Es aquel certificado digital firmado por una entidad de certificación (también puede ser un DNI electrónico) que valida la identificación inequívoca de su depositario mediante dos claves de seguridad. Este certificado confirma la identidad y certifica que la firma electrónica de un documento corresponde a una persona física o jurídica concreta.

Certificados *hardware*
Es el certificado que puede ser almacenado en una tarjeta criptográfica con chip electrónico, como, por ejemplo, el DNI electrónico. Es posible que en estas tarjetas criptográficas puedan almacenarse uno o más certificados electrónicos.

Certificados *software*
Es el certificado que puede ser descargado y guardado en un dispositivo de almacenamiento USB o en el almacén de certificados del ordenador o en su disco duro.

Cl@ve
Es una plataforma de verificación telemática que identifica y autentifica a los usuarios.

Clave privada
Es una clave que forma parte de un sistema criptográfico y que debe ser protegida por su dueño no siendo revelada a ningún otro usuario.

Clave pública
Es una clave que forma parte de un sistema criptográfico y que es conocida por cualquier usuario.

Claves de seguridad
Son claves que forman parte de un sistema criptográfico y cuyo objetivo es cifrar y descifrar contenido de un archivo.

Confidencialidad
Es una prestación de seguridad que garantiza que una información, un mensaje o unos datos no pueden ser entendidos ni legibles por alguna persona diferente que no sea su destinatario.

Criptografía
Es una ciencia especializada que estudia el conjunto de propiedades ocultas de un mensaje cifrado para proteger la información que contiene, aportando seguridad a este intercambio de datos entre emisores y receptores.

Datos
Elemento que contiene una información y permite acceder al conocimiento de un hecho.

Democratización
Es un proceso por el cual se hace accesible un elemento, objeto, servicio o prestación a la sociedad y a los individuos que la componen.

DNIe 3.0
Documento nacional de identidad electrónico que lleva incorporado un microprocesador con chip dual permitiendo transacciones electrónicas más seguras y rápidas.

DNIe
Versión electrónica del documento nacional de identidad tradicional.

eAdministración
Versión electrónica de la Administración pública.

Eliminación de un certificado electrónico
Proceso en el que se quita definitivamente el certificado de una tarjeta criptográfica o del ordenador, dejándolo sin efecto a no ser que se haya procedido con anterioridad a realizar una copia de seguridad.

Entidad de certificación
Puede ser una persona física o jurídica, establecida en España (inscrita en el Registro Mercantil) o con un establecimiento permanente situado en el país, habilitada para expedir certificados electrónicos o bien prestar servicios de firma electrónica y con obligaciones y responsabilidades sujetas a la ley.

Expediente electrónico
Archivo electrónico generado automáticamente al hacer uso el usuario de un servicio telemático desde una sede electrónica. Contiene una información desglosada en documentos electrónicos que se pone a disposición del sistema de gestión documental del organismo al que se remite para el inicio de un procedimiento administrativo.

Exportar un certificado electrónico
Proceso en el que un archivo de certificado electrónico es llevado a otro medio de almacenamiento con idea de tener una copia de seguridad.

Factura electrónica
Es un archivo digital o documento electrónico firmado digitalmente con un certificado reconocido y que equivale funcionalmente a la factura en papel. Este documento responde igualmente como justificante de entrega de

productos o de la prestación de servicios, pero que utilizando un sistema de procesamiento y transmisión entre el emisor y el receptor a través de medios telemáticos, garantiza los requisitos establecidos en la ley para tal cuestión.

Firma electrónica avanzada

Firma electrónica que identifica al usuario firmante pero puede revelar si ha habido algún cambio de los datos posterior a la firma. Esta tecnología le concede valor jurídico porque vincula la firma del usuario firmante y los datos firmados de manera exclusiva.

Firma electrónica cualificada

Firma electrónica similar a la avanzada, pero con la objeción de que está soportada por un certificado electrónico reconocido. Además, ha sido generada con total seguridad por un dispositivo de creación de firma. De cara a la ley, tiene eficacia jurídica y además tiene la misma validez que la firma manuscrita con la diferencia de que no puede ser falsificada.

Firma electrónica simple o básica

Firma electrónica que identifica al usuario firmante y este queda reflejado en el documento.

Firma electrónica

Es un procesamiento electrónico de datos que ligado a un documento digital da como resultado la firma electrónica del mismo. Cuenta con eficacia jurídica y presta servicios de verificación.

FNMT-RCM

Iniciales correspondientes a la Fábrica Nacional de Moneda y Timbre-Real Casa de la Moneda.

Formato avanzado de firma electrónica

Es el formato de firma que contiene información sobre el documento, pero además incorpora nuevos elementos tecnológicos que hacen que estos mecanismos utilicen un leguaje programático más complejo permitiendo el intercambio de información entre sistemas informáticos automatizados.

Formato de firma electrónica

Es la manera en la que se da forma al documento de firma, cómo se estructura y organiza la información que contiene y cómo se guarda el mismo.

Función hash

Es un proceso informático de reducción de tamaño de datos en una porción de información.

Importación del certificado electrónico
Proceso en el que se instala en el navegador el certificado previamente descargado en un dispositivo de almacenamiento externo o interno del ordenador.

Instalación del certificado electrónico
Proceso en el que una vez que la autoridad de certificación ha expedido el certificado, el usuario procede a descargarlo.

Integridad del documento
Resultado de dotar de protección y seguridad al documento firmado electrónicamente, permaneciendo este íntegro e inalterable y no pudiendo ser manipulable posteriormente.

No repudio
Garantía que impide que una vez firmado electrónicamente un documento este pueda ser repudiado por el firmante, no posibilitando la opción de no reconocerlo posteriormente.

Notificaciones electrónicas
Respuestas administrativas telemáticas en relación con un expediente electrónico.

Obtención del certificado electrónico
Proceso en el que se solicita el certificado electrónico a un prestador de servicios de certificación.

Organismo de supervisión
Es un órgano que tiene la función de verificar que los prestadores de servicios de confianza cualificados cumplen con lo establecido en la normativa.

Paradigma digital
Un nuevo concepto tecnológico en el que la tecnología digital cobra protagonismo y se asienta en el quehacer diario de las personas y las empresas.

Paradigma
Modelo o patrón seguido por una comunidad.

Prestador cualificado de servicios electrónicos de confianza
Son todos aquellos prestadores de servicios electrónicos de confianza que encajan en las categorías del reglamento europeo.

Prestador no cualificado de servicios electrónicos de confianza
Son todos aquellos prestadores de servicios electrónicos de confianza que NO encajan en las categorías del reglamento europeo.

Protocolos criptográficos
Mecanismos de transporte de datos electrónicos que aportan diferentes niveles de seguridad basados en técnicas de cifrado.

Renovación de un certificado electrónico
Posibilidad de mantener válido el certificado siempre y cuando la renovación se realice antes de su caducidad.

Responsive
Término que hace referencia a la posibilidad de que un programa, aplicación o recurso digital pueda trabajarse desde diferentes tipos de dispositivos.

Revocación de un certificado electrónico
Anula la validez del certificado durante su periodo de vigencia si se sospecha de pérdida, robo o manipulación por terceras personas.

Sedes electrónicas
Sitios webs de las Administraciones que sirven de vía de acceso a la ciudadanía, empresas u organismos para utilizar aquellos servicios prestados por el organismo titular del sitio web. En estas sedes electrónicas el usuario directamente puede realizar consultas online y trámites telemáticos sin necesidad de desplazamientos ni horarios.

Sellado de tiempo
Es una técnica probatoria para poder demostrar que un dato electrónico coexistió en un momento determinado durante el proceso de emisión, transmisión y recepción del mismo, y que jamás este fue modificado, garantizando la integridad y la exactitud de la información.

Suspensión del certificado electrónico
Permite dejar sin efecto la validez del certificado durante un plazo determinado de tiempo.

Técnica
Arte o habilidad. Destrezas con las que se cuenta para realizar un trabajo o una labor.

Tecnología
Instrumentos, recursos o procedimientos procedentes de la innovación científica facilitando el progreso del campo o sector donde se apliquen.

Transformación digital
Proceso de cambio al que se somete una persona física o jurídica mediante el uso de las tecnologías. Conjunto de procesos a los que se somete una persona física o jurídica para la integración de las tecnologías en las áreas

funcionales, aumentando el nivel competencial del usuario o competitividad de la empresa.

Usuario
Persona física o jurídica que utiliza internet como medio recurrente.

Validez de un certificado electrónico
Es el intervalo de tiempo en el que el certificado tiene validez y por tanto da acceso a numerosos trámites.

Validez jurídica
Alude a que un procedimiento se ajusta a derecho, alineando la práctica del proceso con la teoría de la norma.

Visión global
Capacidad que posee una persona para identificar nuevas oportunidades de negocio en un entorno global.

Bibliografía

Legislación

→ Reglamento (UE) n.° 910/2014 del Parlamento Europeo y del Consejo, de 23 de julio de 2014, relativo a la identificación electrónica y los servicios de confianza para las transacciones electrónicas en el mercado interior y por el que se deroga la Directiva 1999/93/CE.

> Normativa europea que tiene como objetivo el reforzamiento de la confianza de todos los miembros de la Unión Europea para favorecer las transacciones electrónicas bajo un mismo reglamento común.

→ Ley 6/2020, de 11 de noviembre, reguladora de determinados aspectos de los servicios electrónicos de confianza.

> Normativa que deroga la Ley 59/2003 de 19 de diciembre de firma electrónica, y que regula determinados aspectos relacionados con los servicios electrónicos de confianza, sirviendo de complemento al Reglamento (UE) 910/2014 del Parlamento Europeo y del Consejo, de 23 de Julio de 2014, relativo a la identificación electrónica los servicios de confianza para las transacciones electrónicas en el mercado interior y por el que se deroga la Directiva 1999/93/CE.

Textos electrónicos, bases de datos

→ Dirección General de la Policía. Manual y descargables de DNIeRemote, de: <https://www.dnielectronico.es/PortalDNIe/PRF1_Cons02.action?pag=REF_1015&id_menu=68>.

> Sitio web de la Dirección General de la Policía que proporciona un manual y descargas para utilizar la tecnología NFC del DNIe 3.0.

→ dnielectronico.es. Manual cambio de pin conociendo el pin actual, de: <https://www.dnielectronico.es/PDFs/CAMBIO_PIN_CON_PIN.pdf>.

> Recurso ilustrativo para cambiar el pin del DNIe.

→ FNMT-RCM. CERES, de:
<http://www.cert.fnmt.es/web/ceres/home>.

> Sitio web de CERES para solicitar los certificados electrónicos expedidos por la FNMT.

→ FNMT-RCM. Tarjetas Criptográficas, de: < https://www.cert.fnmt.es/catalogo-de-servicios/tarjetas-criptograficas>.
Sitio web de CERES para adquirir tarjetas criptográficas.

→ Gobierno de España. Ministerio de Asuntos Económicos y Transformación Digital. Prestadores de servicios de confianza no cualificados y otros servicios, de:
<https://sedeaplicaciones.minetur.gob.es/Prestadores/Inicio.aspx?opcion=nc#>.

> Acceso al listado oficial de prestadores de servicios de confianza no cualificados.

→ Gobierno de España. Ministerio de Asuntos Económicos y Transformación Digital. Prestadores de servicios electrónicos de confianza cualificados, de:
<https://sedeaplicaciones.minetur.gob.es/Prestadores/>.

> Acceso al listado oficial de prestadores de servicios de confianza cualificados.

→ PAe Portal administración electrónica. Aplicaciones de firma, de:
<https://firmaelectronica.gob.es/Home/Ciudadanos/Aplicaciones-Firma.html>.

> Sitio web de descarga de aplicaciones de firma electrónica y validación.

→ PAe Punto de acceso general. Dirección Electrónica Habilitada, de:
<http://notificaciones.060.es/PC_init.action>.

> Sitio web que proporciona información sobre la Dirección Electrónica Habilitada única.

→ PAe Punto de acceso general. Punto de Acceso General: Tu punto de acceso a las Administraciones Públicas, de:
<https://administracion.gob.es/>.

> Punto de acceso general a las Administraciones públicas.

→ Policía Nacional División de Documentación. Historia de los documentos de identidad, de:
<https://www.dnielectronico.es/PDFs/Historia_de_los_documentos_de_identidad.pdf>.

> Historia y evolución del documento nacional de identidad.

→ Real Casa de la Moneda. Fábrica Nacional de Moneda y Tiembre. App DNIeRemote, de:
<https://play.google.com/store/apps/details?id=com.dnielectura#details-reviews>.

    Acceso a la descarga de la aplicación móvil DNIe Lectura de datos con tecnología NFC.

→ Secretaría General de Administración General. Guía de aplicación de la Norma Técnica de Interoperabilidad 2ª Edición, de:
<https://administracionelectronica.gob.es/pae_Home/dam/jcr:5881e773-6d5d-48b6-b4a6-7760e63fcfef/Guia_NTI_documento_electronico_PDF_2ed_2016.pdf>.

    Guía que da soporte a los órganos, organismos de las Administraciones públicas para la aplicación de la Norma Técnica de Interoperabilidad.